Dernières nouvelles des oiseaux

Erik Orsenna
de l'Académie française

Dernières nouvelles des oiseaux

Stock

Illustrations : Santiago Morilla / www.zegma.com

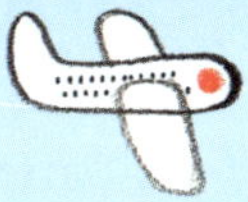

I

Ce jour-là, de bon matin, comme il sortait de sa première messe, le curé de L. (petite localité du cœur de l'Espagne) faillit mourir de stupeur et de colère. Qui, fils ou fille du diable, voyou et mécréant, avait osé taguer le mur blanchi à neuf de son église ?

Il leva les bras au ciel pour demander de l'aide. Sans succès : personne ne lui répondit. Alors il courut chercher réconfort et conseil auprès de son ami Alberto, chauffeur de taxi à la retraite : un tel métier vous fait rencontrer toutes sortes d'êtres humains, dont beaucoup de cinglés. Il saurait que faire et dans quelle direction mener l'enquête.

Alberto n'était pas difficile à trouver : il passait ses journées au café du Penalty, rendez-vous des sportifs. Je veux dire cette catégorie particulière de sportifs dont le sport est de parler du sport. Ces gens-là sont des sportifs de la langue : ils discutent sans fin le match de la veille, imaginent sans fin le match du lendemain. Le bavardage, aussi, est un sport de haut niveau ! Sans doute le fruit d'un implacable entraînement depuis l'enfance.

C'était justement Manolo, le concierge du stade, qui parlait avec Alberto. Et parler est un faible mot pour les rugissements qui sortaient de sous son énorme moustache.

– Tu te rends compte ? Oui, comme je te le dis : au beau milieu de la pelouse. À la place du rond central, un dessin d'escalier !

Le curé faillit mourir une seconde fois.

– Tout comme moi ! C'est un complot !

– Assieds-toi, ô saint homme ! Tu es tout pâle ! Et explique-nous.

– Un escalier de phare, oui, de phare ! Tournant et interminable. Tagué sur mon église. Pourquoi de phare, je vous le demande !

– Moi, sur ma pelouse, ce sont des marches immenses, des marches pour un palais.

– Tu as raison, la coïncidence n'est pas possible.

– Quelqu'un en veut au football.

– Au football et au bon Dieu !

– Il faut agir.

– Enquêtons !

*

*   *

Et c'est ainsi qu'ils remontèrent la piste de Javier (douze ans). Un adolescent atteint d'une maladie très particulière et nouvelle, jamais décrite dans les manuels de médecine : la maladie des escaliers. Une passion qui lui était venue très tôt. Déjà, vers trois ou quatre ans, il répétait :

« Que c'est beau, un chemin qui monte ! Plus tard, je construirai des chemins qui montent ! » Et cette passion avait viré à l'obsession.

À l'école, les professeurs s'énervaient, menaçaient, punissaient. Peine perdue.

À quoi bon donner mille fois la même phrase à copier, « Plus jamais je ne laisserai un escalier occuper mon esprit pendant un cours de mathématiques », si le cahier de punitions s'ornait immédiatement de dix mille croquis représentant cent mille marches ?

À quoi bon, des dimanches entiers, retenir en colle l'obsédé si on le retrouve réparant, avec l'aide du pion, toutes les rampes branlantes du collège ? À quoi bon tenter d'intéresser ce Javier aux matières du programme ou lui parler d'avenir professionnel ? Il vous répondra : « Plus tard, je construirai des escaliers, rien que des escaliers. Pourquoi donc apprendrais-je autre chose ? »

Quand les parents de Javier virent par la fenêtre s'approcher deux hommes furieux qu'ils connaissaient bien, le curé et le concierge du stade, ils se mirent à gémir.

– Pauvres de nous !

– Nous n'avions pas mérité un tel fils !

– Quelle bêtise a-t-il encore faite ?

– Que Dieu aplatisse d'un coup les maisons et les villes ! Qu'Il nous délivre de cette folie des escaliers !

*

* *

Au même moment, de l'autre côté d'un bras de l'océan Atlantique nommé Manche et par-delà un rocher coiffé de lande nommé Cornouailles, bref, dans l'un des plus beaux endroits du monde, le pays de Galles, une certaine Mme Abergwaun vivait des tourments pires encore.

Sa fille de neuf ans, Morwenna, était sans cesse convoquée au commissariat de police. Où personne ne perdait plus sa patience à l'interroger. On connaissait par cœur ses réponses :

– Pourquoi fais-tu ça ?
– Parce que j'aime.

– Tu sais qu'à cause de toi les oiseaux souffrent ?

– L'amour fait souffrir.

– Que connais-tu de l'amour, à ton âge ?

– J'ai vu maman pleurer.

– Bon. Tu nous promets de ne plus recommencer ?

– Non !

– Et pourquoi donc ?

– Parce que je suis franche. Alors, comme je vais forcément recommencer, je préfère ne pas promettre.

– Méfie-toi ! La prochaine fois, tu passeras la nuit dans notre prison.

– Normal.

L'autre rendez-vous régulier de Morwenna était le cabinet du médecin.

– Tu as toujours mal au cou ?

– Je veux d'autres calmants ! Les vôtres sont trop nuls !

– Moi, je veux que tu cesses de te casser les vertèbres cervicales.

– Ce n'est pas ma faute si les mouettes volent dans le ciel.

– Tu finiras paralysée !

– Comme ça, je regarderai toujours en l'air.

On l'aura compris : cette demoiselle insolente aimait trop les oiseaux. Et, chez les oiseaux, ces deux triangles doués du pouvoir magique de faire voler : les ailes.

Alors elle se procurait des ailes par tous les moyens possibles.

Elle chassait au lance-pierres les corbeaux et les merles. À l'étal des bouchers, M. et Mme Ponthydfendizaid, elle dérobait régulièrement les faisans et les pigeons. Petite cuillère après petite cuillère et couteau après fourchette, elle avait distribué toute l'argenterie de sa famille en échange de cailles, de perdreaux, de bécasses...

Son marché fait, elle se retirait dans le coin le plus reculé du grenier familial. Et là, éclairée par une bougie, elle travaillait. Il faut lire le rapport des deux policiers chargés de l'enquête.

« Par respect pour nos supérieurs, nous ne dirons rien de la puanteur ambiante, conséquence certaine des dizaines de pots de yaourt et boîtes de conserve non nettoyés mais aussi de fientes d'animaux divers et pas tous identifiés. Après une lente et difficile progression dans l'inextricable désordre, nous avons découvert 314 dessins ou croquis d'ailes, une collection de cartilages et d'articulations, huit cahiers de couleur verte où, page après page, est collée une plume différente, sept autres cahiers de couleur rouge contenant des ailes d'insectes. Et un petit carnet de vocabulaire mystérieux dont voici trois exemples :

"*Penne* : chacune des grandes plumes des ailes. Cf. *Rémige*."

"*Élytres* : ne servent pas au vol mais protègent les ailes véritables (chez les insectes)."

"*Balanciers* : organes stabilisateurs de vol (chez les mouches)."

De tout cela, nous concluons en recommandant fermement, et d'abord par souci d'hygiène, un séjour de Mlle Morwenna en maison de correction. »

Le facteur avait présenté la lettre recommandée à Mme Abergwaun. Et maintenant, il en attendait l'ouverture. Avant de continuer sa tournée, un facteur digne de ce nom attend toujours l'ouverture d'une lettre recommandée. Mérite-t-il le beau nom de facteur, celui qui se désintéresse de la vie de sa clientèle ? Et qu'annonce une lettre recommandée, sinon un événement important et généralement dramatique ?

La mère de Morwenna, en lisant, pâlit.

– Mauvaise nouvelle, madame Abergwaun ? demanda le facteur. Vous voulez un verre d'eau ? Ne bougez pas, je vous approche une chaise.

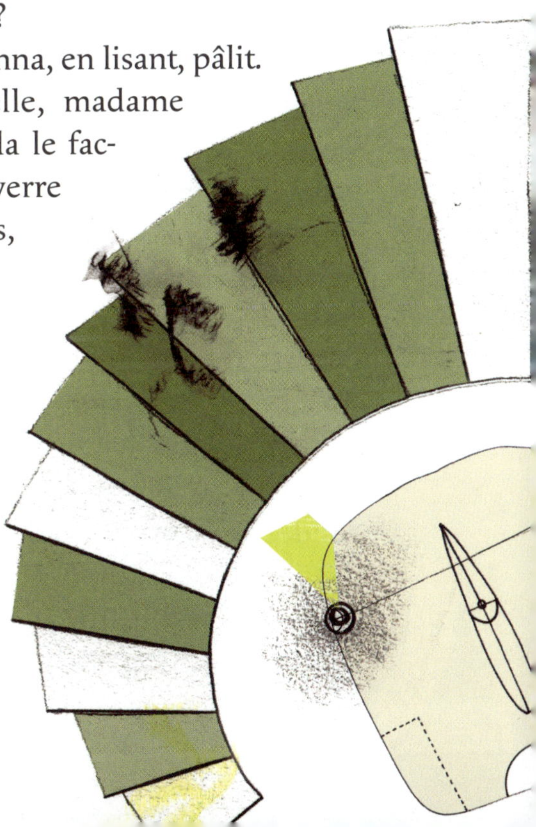

II

À quel instant précis l'idée lui était-elle venue ?

Les idées sont comme les arbres. Pour les comprendre, il faut commencer par l'origine : la graine. Celui qui ne garde pas à l'esprit le souvenir de la graine ne saura rien de l'arbre.

Ce soir-là, le président présidait.

Quoi de plus normal, me direz-vous, pour un président ? Mais ce président-là était particulier : il avait la présidence en lui. Dès l'enfance, il avait présidé. À huit ans, une association d'élèves de son école primaire (créée pour protester contre la nourriture infâme servie par la cantine). Le pli était pris. Les présidences s'étaient vite multipliées (président du club de tennis, président d'une première microsociété de services informatiques, président d'une deuxième, un peu plus grosse, président des propriétaires de chiens labradors, président des Bretons de Paris, président des Amis de l'hôpital public, etc.).

Et tout le monde ne l'appelait que « président ». Même à la table familiale, on lui donnait du « président » au lieu de « papa » ou de « chéri ». Président, tu veux du pain ? Président, tu viens me chercher à l'école ?

La réunion que présidait ce soir-là le président était une remise de prix au lycée de H.

De sa belle voix profonde qui avait séduit, disait la rumeur, deux ou trois mères, le proviseur lançait dans la salle des fêtes le nom d'un très bon élève. Sous les applaudissements, le très bon élève quittait sa chaise et plus ou moins rosissant de fierté ou de trac s'avançait, montait quatre marches, sur la scène recevait son prix (un gros livre), remerciait et repartait. Tandis que retentissait le nom d'un autre très bon élève.

Au cinquième très bon élève, le président bâilla. Oh, rien d'important, à peine une petite crispation de la mâchoire. Mais un président ne peut jamais vivre tranquillement, ni péter, ni roter. Vingt-quatre heures sur vingt-quatre, il est surveillé.

– Quelque chose ne va pas, monsieur le président ?

– Au contraire, magnifique cérémonie. Quelle formidable jeunesse ! Avec elle, notre pays n'a pas à craindre l'avenir !

On ne pouvait jamais prendre de court le président : il avait toujours ce genre de noble phrase en réserve. En fait, il avait menti. Si ce défilé continuait, il allait mourir, là, dans son fauteuil rouge à bras dorés, décéder d'ennui. Et, tandis que se poursuivait l'éprouvante cérémonie, l'idée arriva dans le cerveau du président et, s'y trouvant bien sans doute, commença de germer.

Une idée simple, une idée scandaleuse.

D'accord, il faut récompenser les très bons élèves : ils ont plus et mieux travaillé que les autres et où irait la société si on ne récompensait pas les plus gros travailleurs ?

Mais pour quelle raison ces très bons élèves, ceux que je vois ce soir monter un à un sur la scène, sont-ils tellement ennuyeux ?

Premièrement parce qu'ils se ressemblent tous.

Deuxièmement parce qu'ils acceptent, sans protester, les matières au programme. Au fond, ces très bons élèves ne sont souvent que des singes savants, des singes dociles.

Pourquoi ne pas couronner d'autres enfants ? Qui eux aussi travaillent et se passionnent. Mais dans des domaines qu'ils ont choisis eux-mêmes, hors du cadre de l'école.

*

*　*

Aussitôt imaginée l'idée, aussitôt mise en œuvre.

La force du président, c'était de ne jamais se contenter de regarder voleter les idées dans son cerveau, tels des papillons multicolores dont on admire la grâce et la fantaisie. Immédiatement, il les changeait en décision et en action. Et, quelques mois après, les idées étaient devenues des usines, des magasins géants, des voitures révolutionnaires.

Dès le lendemain, il lança dans toute l'Europe une équipe d'enquêteurs.

– Trouvez-moi des talents cachés, des passionnés, des adolescents qui, au lieu de se préparer aux examens officiels, explorent sans relâche un morceau ou un mécanisme du monde. Vous m'avez bien compris, n'est-ce pas ? Je veux tout sauf des paresseux. Je veux des travailleurs, mais des travailleurs qui ne supportent que la liberté, que les devoirs qu'ils se donnent eux-mêmes.

– Parfait, président, comptez sur nous. Mais, si nous pouvons nous permettre, qu'allez-vous faire de cette équipe ?

– D'abord, nous donnerons à chacun d'entre eux un grand prix de la Passion.

– Excellent, excellent ! (On a beau être enquêteur, on ne peut se retenir de saluer le chef.)

– Et ensuite... La suite est un secret.

Car déjà une autre idée se préparait. Les idées sont comme les lapins : elles ne restent pas longtemps seules. À peine arrivées sur Terre, elles font l'amour entre elles et fabriquent d'autres idées, des enfants innombrables.

*

* *

Dans les grandes entreprises existe une direction appelée des « ressources humaines », chargée de trouver les oiseaux rares et de les rassembler. C'est à cette direction qu'appartenaient les enquêteurs.

Ils téléphonèrent, ils écrivirent, ils voyagèrent. Dans les collèges et les lycées, ils se faisaient discrètement communiquer les bulletins, qu'ils épluchaient un à un, le soir, dans leurs chambres d'hôtel, ne cherchant pas les bonnes notes ni les félicitations exceptionnelles mais les annotations rageuses. « Intelligente, mais, hélas, rebelle. Quel gâchis ! » « Ah, si Guillaume voulait bien cesser de dessiner des hélicoptères ! S'il acceptait de s'intéresser aux cours une heure, une seule petite heure par jour, il serait le meilleur de la classe ! »

Les enquêteurs n'allaient pas voir les proviseurs ni les directeurs mais les responsables des centres de documentation : ces personnes, souvent modestes et dédaignées dans leurs établissements, sont les seuls confidents des enfants, voire de vrais alliés pour leurs rêves. Dans chaque ville, ils ne manquaient jamais de rendre aussi visite aux bibliothécaires :

– Auriez-vous, parmi vos habitués, un jeune qui ne demande des livres que sur un seul sujet ?

Et aux boutiques de bricolage :

– Dans votre clientèle, avez-vous des enfants particulièrement doués de leurs mains ?

Et ainsi, après six mois de ces prospections méticuleuses, cinquante jeunes furent présélectionnés.

Le président partit dans sa maison de campagne en compagnie des cinquante dossiers, dont chacun contenait un projet fou d'adolescent. La recherche de trésors sous-marins, la construction d'une formule 1, la plantation d'une forêt pour y élever des pandas, l'invention des baffles les plus puissantes du monde pour entendre le même concert à New York et à Lisbonne... Le président demeura seul, trois jours pleins, preuve qu'il attachait à l'affaire la plus grande importance (d'ordinaire, il décidait dans la minute). Et revint avec sept noms. Sept jeunes qui reçurent dès le lendemain une lettre expresse recommandée.

* * *

Au vu du caractère officiel de l'enveloppe et des multiples tampons, la réaction de tous les parents fut semblable. Tous, ils se précipitèrent dans la chambre de leur enfant obsessionnel, tous, ils brandirent la lettre en glapissant :

– Quelle bêtise as-tu encore faite ? Je te préviens, si tu vas en prison, je t'y laisse pourrir !

– Ouvre d'abord, tu verras bien.

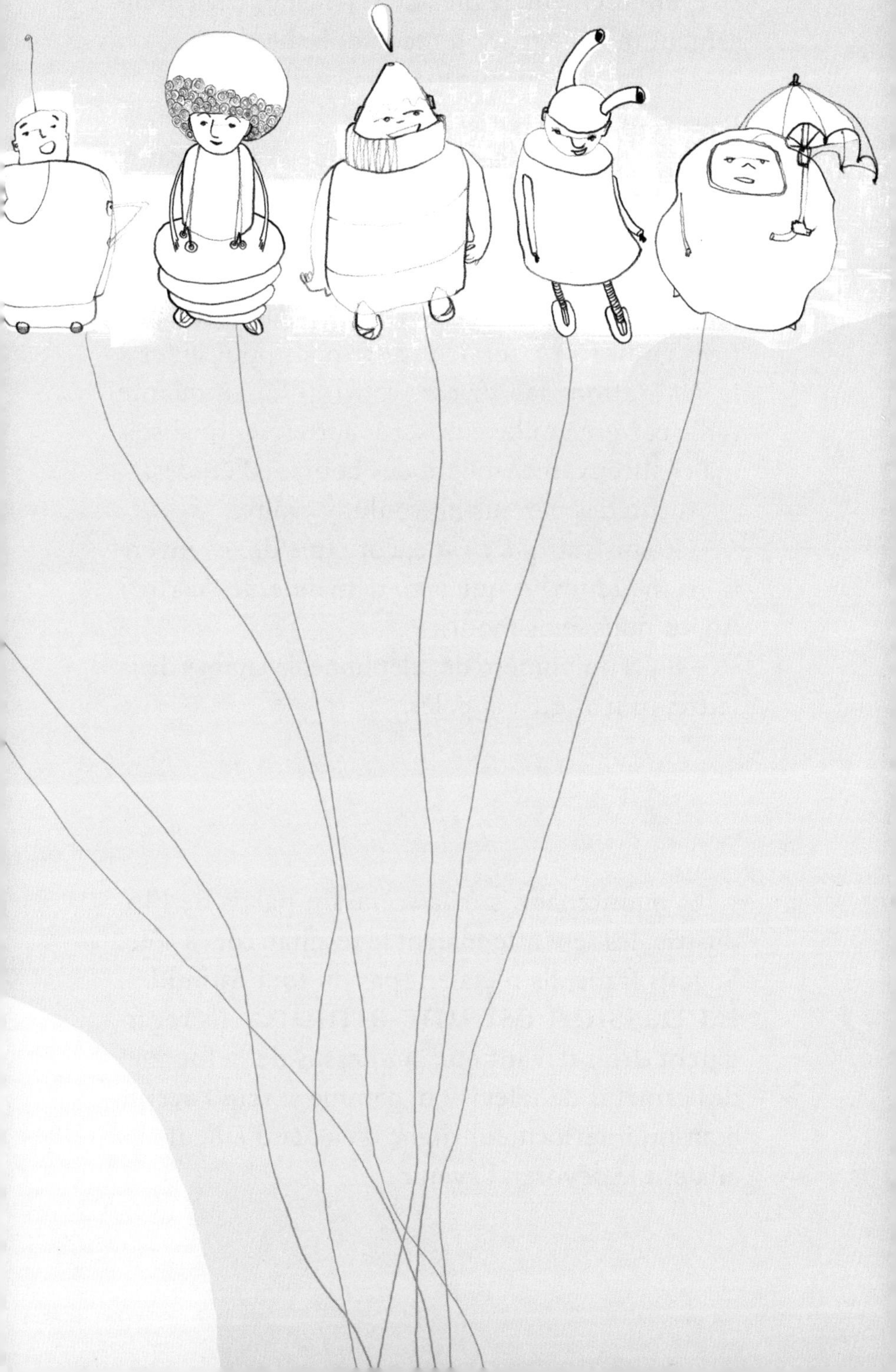

Premièrement, le président félicitait chaleureusement monsieur… ou mademoiselle…

« La Fondation Européenne de la Passion a le plaisir de vous annoncer que vous êtes sélectionné(e) pour son grand prix annuel. La finale aura lieu le 20 décembre 2000, au palais de l'Industrie. Vous trouverez ci-joint votre badge d'entrée, votre billet de transport et votre réservation d'hôtel. »

Deuxièmement : le président annonçait que trois grands prix seraient distribués pour aider à la réalisation des rêves : cent mille, cinquante mille et trente mille euros. Les autres, les finalistes malchanceux, recevraient des bourses d'études.

Aucun des parents ne voulut y croire.

– Je suis sûr que c'est encore une de tes inventions maudites ! À qui as-tu demandé de l'écrire ? Ah, tu nous feras mourir !

– Il y a un numéro de téléphone, là, au bas de la lettre, tu n'as qu'à appeler.

*

* *

Et maintenant, sur la scène du palais de l'Industrie, les sept attendaient le résultat, côte à côte. Soyons franc, ils n'étaient pas du tout intimidés. La passion est une armure. Ils regardaient droit devant eux, au-dessus de la foule et des caméras de télévision, comme si seul l'avenir était un interlocuteur digne d'eux et d'ailleurs ils allaient le dévorer, l'avenir.

Parmi les quelques petits défauts du président, il y avait le goût du suspense. Au lieu de communiquer tout de suite ses décisions, il adorait faire attendre. Il disait que sur le visage de ceux qui attendent, qui attendent vraiment, on peut lire à livre ouvert. Les candidats lui donnaient raison. Dans leurs regards passaient, tels des nuages poussés par un vent violent, tous les sentiments possibles : l'espoir, la résignation, le désespoir, la colère...

Outre Javier (le fou d'escaliers) et Morwenna (l'amie des ailes), déjà connus de nous, attendaient :

Étienne, un petit garçon qui ne se voyait plus tard que déménageur : « Je veux aider les gens à changer de lieu. Je suis sûr que ça leur fait du bien » ;

Victoria, une spécialiste de la mécanique avec une tendance particulière pour les roues : « Pourquoi j'aime les cercles ? Ils n'ont ni début ni fin » ;

Thomas, expert de tout ce qui unit : les clous, les vis, les rivets, les colles ;

Hillary, qui, depuis l'âge de cinq ans, construisait des boîtes de toutes tailles, avec une préférence pour les cylindres ;

et enfin Hans, le météorologue, le dessinateur de nuages.

Le président sortit d'une de ses poches intérieures une enveloppe. Il fit mine de lire, il sourit. Chacune de ces opérations dura au minimum un siècle.

– Le vainqueur du premier grand prix de la Passion est…

Il s'arrêta, reprit son souffle.

Un autre siècle passa.

– Le vainqueur est… Personne. Ou vous tous. Tous les sept. Tous ensemble.

Aucun des spectateurs n'avait compris. Pas plus que les sept qui se regardaient, éberlués. Mais le président ayant parlé et le président ne pouvant qu'avoir raison, tout le monde applaudit :

– Oh, la belle idée !

– Quelle modernité !

Ce n'est qu'après, dans la nuit, le lendemain, que commencèrent les questions.

– Qu'a-t-il voulu dire ?

– Quel est son projet ?

III

Certains des sélectionnés, en apprenant qu'ils allaient devoir rester deux mois, tous ensemble, sur une île, s'étaient d'abord révoltés.

– Pour qui se prend-il, ce président ? Il veut nous enfermer, c'est ça, et nous limer les dents ? Moi, jamais !

– Qu'est-ce qu'il propose ? Une colonie de vacances, une chorale, des feux de camp ? Beurk !

T'as vu sur mon front ? Tu sais lire, au moins ? Il y a écrit « solitaire ».

Certains parents avaient commencé par refuser net : « J'aime trop ma fille pour m'en séparer une seule journée. » D'autres avaient tenté de monnayer leur autorisation : « À deux mille euros par jour, on pourrait s'arranger, droits d'image inclus. »

À première vue, le président avait des yeux normaux, plutôt petits et gris-bleu. Mais avec ses yeux il se fabriquait, quand il en avait besoin, un drôle de regard, un regard aux pouvoirs d'hypnotiseur. Quand ce regard-là vous fixait, une faiblesse vous passait par tout le corps, vous disiez oui à tout.

– Alors, il paraît, mademoiselle, il paraît que mon prix de la Passion ne vous intéresse pas ?

– Oh si, monsieur, beaucoup, croyez-moi, s'il vous plaît !

– Alors, jeune homme, on m'a dit que vous aviez d'autres projets pour les vacances ?

– Pas du tout, monsieur, j'y vais, j'y vais tout de suite ! À quelle heure est le train ?

Résultat des courses : les sept étaient là. Alignés sur le quai du petit port.

*

*   *

– Bienvenue à tous ! Et bravo pour votre sélection ! Je suis madame McLennan, la directrice de l'île. Dis-moi, Victoria, tu me parais un peu pâle, j'espère que tu n'as pas été malade. Vous avez de la chance ! La mer, ici, est rarement aussi calme ! Alors, Hans, tu as ajouté de nouveaux nuages à ta collection ?

La directrice minuscule connaissait déjà les prénoms de chacun. Mais le plus étrange, et le plus inquiétant aussi, c'était ses vêtements. Il aurait été plus juste de dire cet amoncellement qui lui tenait lieu d'habillement. Pour le haut, une blouse en dentelle enfilée sur un ciré. Pour le bas, une jupe orange sur un pantalon vert. Quant à ses cheveux, ils étaient rouges, franchement rouges. Perruque, teinture, couleur naturelle ?

Plus tard, à la fin de l'affaire, quand les journalistes demandèrent aux sept stagiaires de décrire cette fameuse directrice, ils furent unanimes :

– Un clone de la chanteuse islandaise Björk.

– Aussi drôle.

– Aussi inventive.

– Avec les dents aussi pointues, de vrais petits poignards.

Bref, cette directrice fut pour les stagiaires une absolue surprise. Le président les avait avertis : « La vie sur l'île ne sera pas facile tous les jours, vous vivrez en commando. » Alors ils s'attendaient plutôt à un directeur du style colonel des marines, cheveux courts, chemise kaki et lunettes Ray-Ban.

*

* *

Javier, sa dernière bouchée de gâteau avalée presque entièrement (il lui restait du chocolat bloqué entre deux dents), leva la main :

– Bon ! Et maintenant, madame, que fait-on ?

– Mais ce que vous voulez, mes amis.

– Comment ? Il n'y a pas de programme ?

– You mean to say there's no schedule ?

– ¿ Que no hay nada programado ?

– Wie ? Es gibt kein Programm ?

La directrice prit son temps pour répondre. D'abord elle regarda les sept l'un après l'autre, au fond des yeux. Il allait être difficile de lui cacher quelque chose.

– Un atelier vous attend. Vous y trouverez tout ce dont vous avez besoin pour vos projets. Autrement, l'île est à vous. Une cloche vous appellera pour le repas. Vous avez des questions ?

La petite main de Victoria se leva, accompagnée d'une voix tremblante.

– Il y a des tempêtes, ici ?

La directrice éclata de rire, mouvement qui réveilla les couleurs de toutes ses robes. On aurait dit qu'elles aussi, les couleurs, s'esclaffaient.

– Bien sûr, il y a des tempêtes ! Qu'est-ce qu'une île sans tempête ? Mais n'aie pas peur. Nous avons notre guetteur, n'est-ce pas, Hans ?

– Oui, madame.

– Vous pensez ! Un collectionneur de nuages ! Rien ne pourra nous arriver. À la première alerte, il nous préviendra. Et nous aurons tout le temps de nous réfugier dans nos abris. Bonne journée ! Ah, j'oubliais ! La maison de l'interprète se trouve sur la route du port, à droite en montant, juste avant la petite tour. Il s'appelle Sir Alex, c'est un ancien entraîneur de football : onze joueurs, dix nationalités. Vous pensez, aucune traduction ne lui fait peur. Il est à votre disposition.

Les sept ne s'étaient même pas rendu compte de ce miracle. Mme McLennan parlait et tous comprenaient, alors qu'ils venaient des quatre coins de l'Europe.

En fait, la directrice enchaînait les langues. Elle répétait quatre fois chaque phrase.

« Mais ce que vous voulez, mes amis. »
« *Why, you do whatever you want, my dears.* »
« *Pues lo que quieráis, amigos.* »
« *Was immer ihr wollt, meine Freunde.* »

Sa voix était si claire, si miraculeuse, que chacun y prenait ce qui le concernait et n'entendait pas le reste.

IV

Une île.

Pas très loin d'un certain rivage de l'Europe.

Et pourtant invisible.

Inutile de la chercher sur les cartes. Tout ce qui la concerne est classé : « confidentiel défense », les installations qu'on y a bâties, les stages mystérieux qu'on y organise, jusqu'à sa situation elle-même, en bordure du grand océan.

Une fois sur l'île, il vaut mieux aimer la mer : on ne voit qu'elle. Où qu'on porte les yeux, la même étendue grise, verte ou bleue, selon les saisons et la course des nuages. De jour, impossible de distinguer la moindre côte. Il faut attendre que tombe le soleil. Alors, rarement, très rarement, il peut se faire que des lueurs surgissent du fond de l'horizon, vers l'est. Un halo clair piqueté de taches clignotantes. Tous ceux qui sont passés sur l'île vous le diront :

1
2
3
4
6
8
5
9

ces lueurs rassurent, aussi fragiles et lointaines soient-elles. Elles sont la preuve que le continent existe toujours, et la vie normale qui va avec. Les îliens s'accrochent à ces lueurs comme à des bouées.

La directrice, elle aussi, aimait les lueurs. La première fois que, dans l'obscurité, parurent au loin les petits points brillants, elle réunit le groupe.

– Alors, les enfants, quelle conclusion tirez-vous de tout cela ?

Les « enfants », furieux d'être appelés ainsi (certains avaient dépassé douze ans), haussèrent les épaules, regardèrent ailleurs et se turent.

– Je vais vous le dire, moi.

– J'espère bien que tu vas nous le dire, c'est ton métier !

La directrice fit mine de n'avoir rien entendu. Elle baissa la voix, prit un air inspiré, quasi religieux.

– C'est la nuit qu'on voit le plus de choses. Voilà ce que ces lueurs nous prouvent.

V

Deux semaines s'écoulèrent.

À presque rien, peut-être quelque chose de plus impératif dans la sonnerie, la directrice devinait toujours et sans erreur quand l'appel venait du président.

– Alors ?

– Tout va bien. Mais nos sept stagiaires s'ignorent toujours.

– Alors tout va mal. Que voulez-vous dire par « s'ignorent » ? Développez, madame McLennan !

– Ils ne se disent pas un mot.

– Quoi de plus normal ? Ils ne parlent pas la même langue.

– Sir Alex, notre traducteur, est à leur disposition. Ils le savent. Ils ne lui ont pas jeté un coup d'œil. Ah, vous m'avez confié de drôles de cocos !

– Je vous avais prévenue : des passionnés.

– Des enfermés dans leur passion ! Prenez Javier : il passe ses journées sur les plages à ramasser du bois d'épave. Et la nuit, dans son lit, à la lumière de sa lampe de poche… D'ailleurs, j'y pense, monsieur le président, dois-je autoriser les lampes de poche dans le dortoir ? Ils l'éteignent à pas d'heure…

– Quand ils n'auront plus de piles, ils dormiront.

– Thomas, lui, pêche, du matin jusqu'au soir. Il m'a expliqué qu'avec les poissons on peut faire des colles magnifiques.

– Vous voyez qu'ils apprennent des choses !

– Je n'ai pas dit le contraire. Pour ça, ce sont de vrais savants ! Et je n'ai jamais vu des enfants, ni des adultes d'ailleurs, autant travailler. Prenez Hans, si petit, si timide, avec son nez en trompette et ses taches de rousseur… Lui, il peint. Toute la journée. Tous les nuages qu'il voit passer dans le ciel, et Dieu sait si nous sommes gâtés en nuages. Il les peint tous, sur des papiers minuscules. Le soir, il les classe. Sans fin. Et Victoria, j'ai dû lui demander de se calmer : elle démontait toutes les roues présentes sur l'île pour les examiner.

– Pas de bataille entre eux ?

– Aucune. Ils sont bien trop occupés par leurs travaux personnels. Ah, j'oubliais Étienne, le premier soir, il s'est fait taper dessus. Il a tout de suite compris.

– Pourquoi Étienne ? C'est le bouc émissaire ?

– Pas du tout. Mais, comme vous le savez, notre Étienne a la passion des déménagements. Il a commencé à transporter les affaires de ses camarades. Vous devinez les réactions.

– Je devine.

Une voix féminine se fit entendre dans l'appareil. Sans doute celle de la secrétaire du président rappelant au président qu'un président a autre chose à faire que de se préoccuper si longuement de sept maniaques réunis dans une île.

– Une seconde, mademoiselle, dites-leur que j'arrive. Revenons à nos moutons, madame McLennan, et concluons. Pensez-vous que nos jeunes amis vont finir par s'intéresser les uns aux autres ?

– Aucune chance, monsieur le président. Ils sont bien trop obsédés par leur univers.

– Alors, action ! Vous avez carte blanche. Je connais votre imagination.

– Merci, monsieur le président.

– Au revoir, madame McLennan, et saluez pour moi le grand Sir Alex.

– Je n'y manquerai pas.

– Tenez-moi au courant des résultats. Dès demain, à la première heure. Au revoir, madame McLennan.

– Au revoir, monsieur le président.

VI

Étienne se tournait et se retournait dans son lit. Au bout du dortoir, l'horloge lumineuse égrenait tranquillement ses chiffres rouges : 04:01, 04:02… La nuit continuait son chemin. Dehors, sans doute fatigués de ricaner, les goélands avaient fini par se taire. On n'entendait même plus la mer. Peut-être qu'elle dort, la mer, elle aussi, quand on ne la regarde plus ?

Étienne posa son index droit sur l'intérieur de son poignet gauche. L'apprenti déménageur s'inquiétait de sa santé. Il se prenait sans cesse le pouls. Le cadran de sa montre était phosphorescent. Rien de plus facile que ce calcul : si le cœur bat dix-sept coups en quinze secondes, il en bat soixante-huit en une minute. Battement normal. Ouf ! Rien à reprocher à la machine de son cœur. Alors pourquoi ce bruit ? Un grincement étouffé. Et pourquoi cette sensation de glisser, de vertige ? Ou je suis malade, se dit-il, ou cette île maudite nous prépare quelque chose. Il appela son voisin :

– Javier, Javier…

Mais personne n'a jamais pu réveiller un Javier endormi. À croire que le sommeil entraîne les Javier, par toutes sortes d'escaliers, dans des pays inatteignables.

À force d'être secoué, il finit pourtant par ouvrir un œil.

– *¿ Mamà, qué pasa ?*

Étienne jura : il avait oublié l'infernal obstacle des langues. Devait-il aller chercher Sir Alex, l'interprète ? Pas le temps. Mieux valait expliquer par gestes. Un index qui tapote sur l'oreille : tu entends ? Javier hocha la tête. Puis une main tendue, d'abord à l'horizontale, ensuite on l'incline. Javier se redressa dans son lit, écarta les bras, comme s'il se préparait à marcher sur un fil, et de nouveau acquiesça.

– *Tienes razón. ¡ Se está inclinando !*

– Il faut en avoir le cœur net.

D'un même bond, ils se levèrent et se précipitèrent dans le jardin. Aucune porte n'était jamais fermée, dans l'île. Logique : c'était la mer, la grande serrure. L'atelier contenait tous les outils possibles et les instruments permettent de tout mesurer, notamment de vérifier si l'on devient fou.

L'instant d'après, ils étaient revenus et posaient sur le plancher du dortoir ce tube en verre empli de liquide et cerclé de métal qu'on appelle une nivelle. Dans ce liquide voyage une bulle d'air. Si la bulle reste au milieu du tube, le sol est horizontal.

Les deux garçons avaient chacun sorti leur lampe

de poche mais aucun n'osait regarder. Javier finit par allumer la sienne. En se penchant, ils se heurtèrent le crâne et ne purent s'empêcher de crier.

– Regarde !

– *¡ Que barbaridad !*

Non seulement la bulle n'occupait pas sa place normale, entre les deux traits indiquant le centre, mais, tel un scarabée pâle, elle se déplaçait lentement, sûrement, vers la gauche. Indication à 10 % rassurante : « Nous ne sommes pas fous : il y a bien quelque chose d'anormal dans ce dortoir. » Et à 90 % terrorisante : « L'île est un piège : quelque chose d'anormal se passe dans ce dortoir. »

Ils se retournèrent. Morwenna les regardait, l'air mauvais, et serrait les poings. Une vraie Galloise à sang vif, même à 4 h 26 du matin.

– *Do you find it funny to prevent other people from sleeping ? ¿ Qué ? ¿ Se les da seguido desvelar la gente ?*

L'un des talents de Morwenna, c'était son agilité dans les langues. Quand on parle gallois, la langue aux mille consonnes, on peut tout parler. Morwenna sautait du français à l'anglais et de l'allemand à l'espagnol sans même s'en rendre compte. Peut-être son amour des ailes lui avait-il donné plus de légèreté ? Elle passait plus facilement que nous d'un univers à l'autre.

À son tour, elle se pencha vers la bulle voyageuse. Qui s'était encore déplacée d'un bon millimètre.

– Mon Dieu ! Qu'est-ce que ça veut dire ?

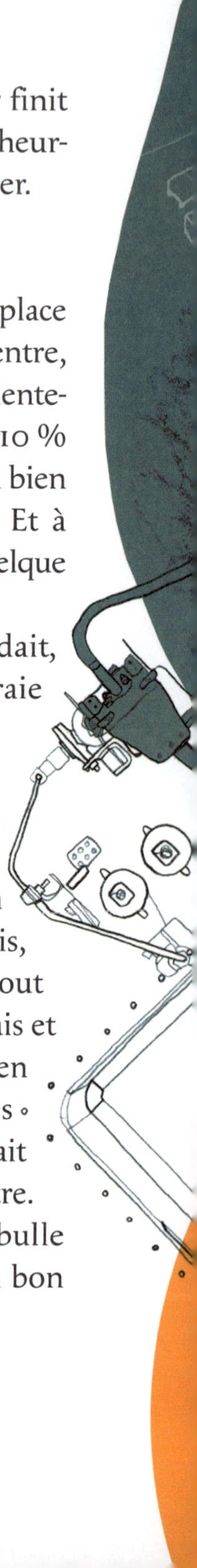

– *¿ Un terremoto ?*

– Ce serait beaucoup moins régulier.

– Alors nous glissons dans la mer.

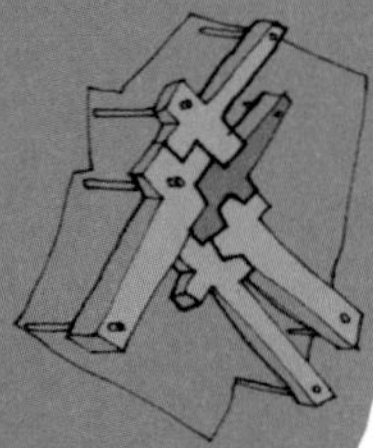

– *We've got to wake the others up.*

– Inutile.

Titubant de sommeil, le reste de la bande avançait vers eux.

En deux mots, Morwenna leur expliqua la situation.

Le grondement continuait. On aurait dit le souffle sourd d'un gros animal. Mais où se cachait-il, cet animal ? Aucune chasse n'est plus difficile que celle d'un bruit ; il se cache, multiplie les fausses pistes, sème partout des échos qui vous égarent. Bec et ongles, il se défend. On peut le comprendre. Il sait bien, le bruit, qu'une fois découvert il a toutes les chances d'être agressé et supprimé.

– Bon. Fini de jouer ! On ne va pas se laisser balader comme des enfants !

Morwenna en avait fait une affaire personnelle. Ses yeux flamboyaient de colère. La recherche s'était changée en duel : à ma gauche, un bruit ; à ma droite, le pays de Galles.

– Taisez-vous !

Elle ferma les paupières, plissa le front, s'accroupit. Soudain s'allongea, oreille collée contre le plancher.

L'instant d'après, elle était debout.

– J'en étais sûre. Ça vient de la cave.

Les sept se précipitèrent. Le temps de trouver l'entrée, ils dégringolaient un escalier glissant.

– Regardez !

C'était une chaudière, la gueule ouverte. Un costaud, torse nu et luisant de sueur, y jetait, à grandes pelletées, du charbon. Au lieu d'oreilles, la chaudière avait des roues, plusieurs de chaque côté, des engrenages qui actionnaient de longues ferrailles dont on ne voyait pas le bout.

Un homme qui ne paraissait plus tout jeune mais très élancé faisait face au costaud et activait son ardeur.

– Plus vite, mon cher, plus vite ! La bête a faim ! Il faut la nourrir !

Devinant une présence, l'homme élancé se retourna. C'était Sir Alex. Blazer, cravate et pantalon clair. Toujours aussi élégant malgré l'endroit et l'heure très avancée de la nuit. La vue des sept ne parut pas le surprendre.

– Ah, c'est vous ! J'en étais sûr ! Pardon de vous avoir réveillés. Mais pas moyen de faire autrement avec cette vieille machine. Vous voulez une explication, j'imagine ? Rien de plus normal. Allons chez la directrice, nous serons plus à l'aise.

Du bout des doigts, il tapa sur l'épaule du costaud.

– Tu vois bien que tu peux arrêter, mon cher. C'est fini pour cette nuit. Bon sommeil. Je te rappellerai si j'ai besoin de toi.

Il secoua son blazer, comme pour en décoller la poussière. Et sourit aux sept.

– Je déteste le charbon, pas vous ? On y va ?

VII

– Votre réveil n'était pas prévu. Mais, au fond, je préfère. Autant jouer cartes sur table. On ne regrette jamais sa franchise. Et, après tout, nous sommes sur le même bateau, je veux dire sur la même île, n'est-il pas vrai ?

Décidément, cette île-bateau réservait de plus en plus de surprises. Mme McLennan leur avait ouvert la porte de son bureau sans aucun étonnement.

– Vous voulez des éclaircissements ? Quoi de plus naturel ?

Il devait être cinq heures du matin et elle était déjà prête, coiffée, maquillée, habillée d'une de ces superpositions dont elle avait le secret : jupe courte bleu clair sur collant rose, chemise blanche à poignets mousquetaires, cardigan ocre, blouson de cuir pêche.

– Sir Alex, c'est votre idée. Je vous passe la parole.

– Mes jeunes amis, comme vous le savez, j'ai été longtemps entraîneur de football. Mon club était très riche. Nous avions donc acheté les meilleurs joueurs d'Europe. Mais notre équipe ne gagnait pas. Que faire ?

La voix de Sir Alex était basse, à peine audible. Comment parvenait-il à faire entendre ses ordres dans un stade en folie ? Miracle de la prononciation, sans doute, et de l'autorité naturelle. Il avait en parlant un drôle de sourire crispé, presque une grimace. Peut-être le football ne lui avait-il pas laissé que de bons souvenirs ?

– Ces joueurs, tous excellents, ne savaient pas jouer ensemble. C'est alors que l'idée m'est venue…

– L'idée géniale !

– N'exagérons pas, chère amie. L'idée d'incliner la pelouse d'entraînement. Presque rien, quelques degrés. Les jardiniers m'ont pris pour un dément. Jusqu'au jour où nous avons commencé à gagner, à gagner tous les matchs, les uns après les autres.

Morwenna, depuis quelques minutes, tapait nerveusement sa chaussure droite sur le sol. Ses yeux se plissaient, elle se mordait les lèvres. Elle n'allait pas tarder à exploser.

– Bon, on ne va pas y rester des années ! Aucun de nous n'est footballeur. C'est quoi le rapport avec notre dortoir ? Vous accouchez quand ?

Sir Alex leva les mains.

– Tout doux, tout doux ! J'y arrive. Entraînés par cette petite pente, cette même petite pente pour tous, les joueurs ont commencé à jouer ensemble. J'alternais. Une fois, les attaquants descendaient la pente et devaient s'affronter à des défenseurs qui remontaient. La fois suivante, les attaquants remontaient et c'était aux défenseurs de jouer dans la descente.

– Malin, dit Javier.

– C'est pour cela qu'on vous a appelé le magicien ? demanda Étienne.

– Nous, les filles, on ne comprend toujours pas !

Sir Alex ferma les yeux. La fatigue le terrassait. La directrice prit le relais.

– Je résume. Vous êtes comme ces stars du ballon rond, des solitaires, des indépendants. En profitant de la nuit pour incliner le plancher de votre dortoir, nous espérions faire un peu glisser vos rêves, vous comprenez ? Nous aurions souhaité qu'ils prennent plus ou moins la même direction. Mais je vois bien que c'est raté.

– Ça, vous pouvez le dire !

– Plus que raté, criminel !

– Nous allons vous attaquer en justice !

– Vous avez cherché à nous manipuler !

C'étaient les filles les plus furieuses. Elles s'approchaient de la directrice, tout à fait menaçantes. Elles ne furent pas loin de la frapper. Les garçons restaient plus calmes. Sans doute que la légende de Sir Alex, son succès dans pas moins de trois coupes d'Europe, devait les impressionner. Morwenna et Hillary voulaient sur-le-champ quitter l'île.

– Je veux parler à mon père.

– Passez-moi le président !

Il fallut toute la diplomatie de Hans pour les entraîner hors du bureau.

– Discutons d'abord entre nous.

– À quoi ça sert ? Ces gens sont des monstres !

– Justement. Trouvons le meilleur moyen pour les combattre.

Heureusement que la sonnerie ne retentit qu'après le départ des sept. Forcément, l'un d'entre nous aurait décroché et le président en aurait pris pour son grade.

VIII

– Alors ?

– Je vous entends à peine, monsieur le président.

– Je suis dans un train rapide, entre Pékin et Shanghai. Je ne veux pas déranger mes voisins. Quelles sont les nouvelles ?

– Hélas ! Ils ont découvert notre machine.

– Et alors ?

– Vous imaginez bien que Sir Alex et moi nous sommes devenus leurs ennemis, des manipulateurs, le diable.

– Parfait.

– Vous pourriez m'expliquer ?

– Pour la première fois, ils partagent quelque chose. Aucune importance que ce soit de la haine.

– Il est vrai que vu comme ça…

– De Chine, on voit mieux les choses. On a un double recul : la distance et la taille du pays. Allez, je vous quitte, on entre en gare. La gare d'une toute petite ville : trois millions d'habitants paraît-il ! Bonne continuation !

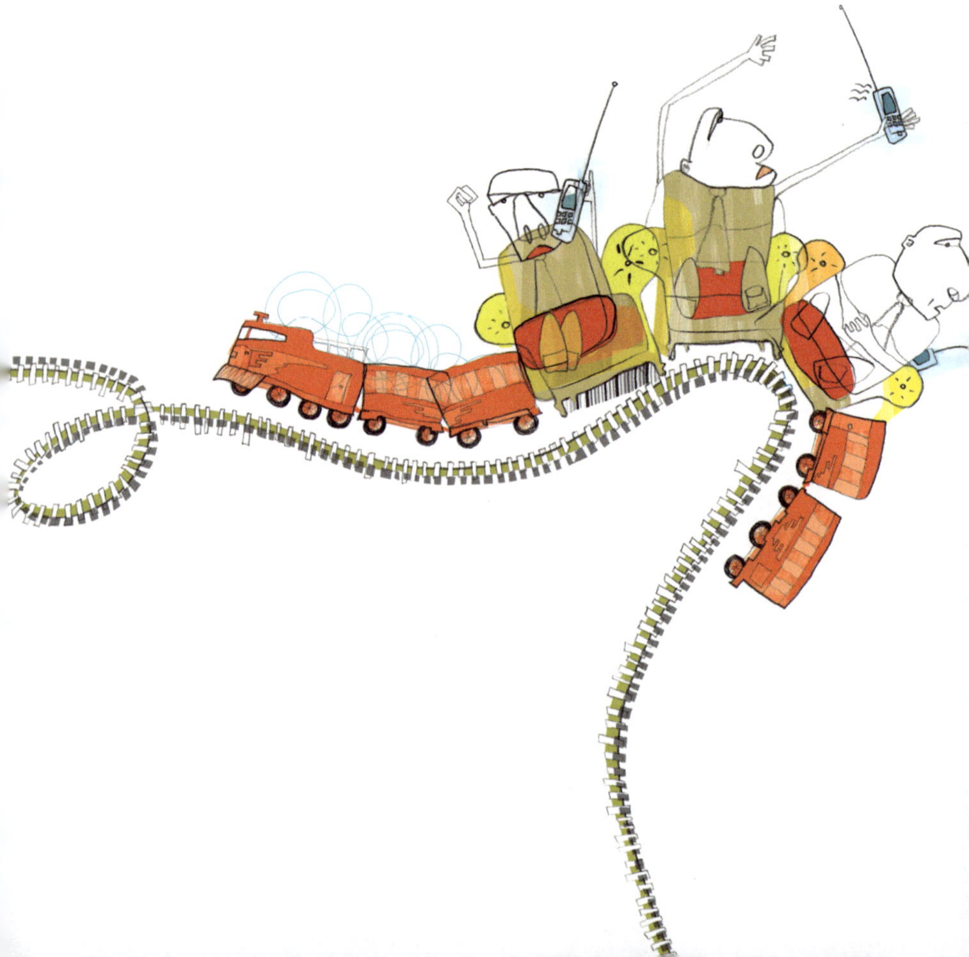

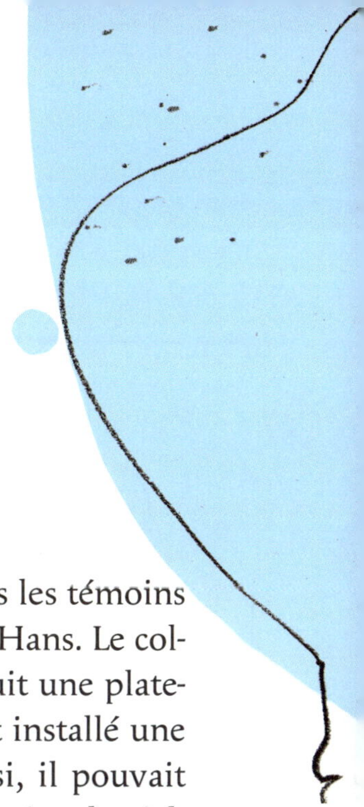

IX

Au matin du drame, Sir Alex, tous les témoins vous le confirmeront, rendit visite à Hans. Le collectionneur de nuages s'était construit une plateforme tournante sur laquelle il avait installé une table à tréteaux et une chaise. Ainsi, il pouvait scruter sans interruption les quatre coins du ciel. À sa gauche était ouvert un gros livre, le catalogue classé et photographié de tous les nuages possibles et imaginables, même les plus lointains, tel le lenticulaire de Terre de feu. À sa droite étaient son carnet et sa boîte de couleurs, « Un jour, je peindrai un nuage inconnu ». Le nuage inconnu, donner son nom à un nuage, c'était son rêve à lui, comme d'autres chassent éperdument les papillons.

Sir Alex aimait ces rendez-vous avec ce jeune homme calme et bien élevé. Ça le changeait de la fureur des stades. Si c'était à refaire, répétait-il, je choisirais la météo plutôt que le football.

– Bonjour, Hans.

– Bonjour, Sir Alex.

– Tout est calme, sur le front du temps ?

– Aucune inquiétude à avoir, Sir Alex. Sans doute quelques légères précipitations en fin de journée. Voyez là-bas, cette ligne sombre. Un gentil troupeau de *cumulus congestus*. Rien de grave.

*

* *

Je ne voudrais pas vous tromper. Je ne suis sûr de rien. Je redoute comme la peste celles et ceux qui ont toujours une explication pour tout. Quoi qu'il arrive, ces gens vous regardent d'un air méprisant, « Moi, je sais », « Moi, j'avais tout prévu », et ils sortent une cause de leur poche.

Pourquoi survint la tempête, pourquoi à ce moment de l'année où, d'ordinaire – j'ai consulté les statistiques –, la mer est calme ?

Je ne vous livre qu'une hypothèse : les robes de la directrice. J'ai consulté des scientifiques. Il n'est pas du tout impossible que les couleurs trop vives attirent sur elles les vents. Comme le paratonnerre la foudre. Comme le rouge les taureaux.

Toujours est-il que, soudain, les arbres commencèrent à pencher et à grincer, les fils électriques se mirent à siffler, les murs à trembler et les ardoises à claquer sur les toits comme si la peur, une peur panique, avait pris possession des maisons et des cabanes.

Et tel était sans doute le cas.

Car rien n'est plus terrible qu'une tempête sur

une terre à fleur d'eau. Un bateau peut fuir devant les éléments, se réfugier dans un port, se protéger des vagues les plus violentes en leur versant sur le crâne de l'huile bien visqueuse. L'île basse n'a d'autre ressource que subir. Subir l'assaut de la mer, ces murs d'eau noire qu'elle lance et relance, sans répit. Subir l'inexorable poussée de la marée, trop heureuse de profiter du désordre de la météo pour monter et déborder et submerger, bien au-delà des frontières habituelles. Subir l'infernale furie du vent : au début il vous interdit de marcher, même courbé. Bientôt, il vous renverse, vous entraîne. Il faut s'ancrer, s'attacher serré sous peine d'être balayé, emporté dans les flots.

Courageusement, les sept avaient d'abord tenté de résister. Aux premiers souffles, ils avaient rejoint leur atelier. Comme si c'était là et nulle part ailleurs qu'ils devaient lutter. Pourtant, les rafales se faisaient de plus en plus fortes ; elles brisaient les vitres ; morceau par morceau, elles arrachaient le toit. Les sept voulaient demeurer, tenter de sauver leurs notes, leurs dessins, leurs trésors que des tourbillons emportaient Dieu sait où. Ils finirent par abandonner ce combat trop inégal. Ils coururent se réfugier au rez-de-chaussée du bâtiment principal.

Blottis les uns contre les autres, emmitouflés dans leurs couvertures grises, toutes semblables et semblables au gris de leur visage – le gris est la couleur de la peur –, les filles à peine différentes des garçons – leurs cheveux dégoulinaient pareil, une morve identique coulait de tous les nez –, ils paraissaient tous les sept grelotter du même froid.

Mais Hans grelottait encore plus que les autres. Les sarcasmes n'avaient pas manqué, au début de la tempête, ni les insultes.

– Alors, toujours gentils, tes *congestus* chéris ?

– Tu l'as apprise où, la météo ?

– C'est du yaourt que tu as dans la tête, pas des nuages !

Etc.

Normal : son erreur ne pouvait être pardonnée.

Plus personne ne lui parlait. Plus personne ne le regardait. Il s'était collé les paumes contre les oreilles. Pour ne pas entendre.

Mais qui peut arrêter le vacarme d'une tempête ?

Surtout pas un faux collectionneur de nuages.

Une à une, les rafales lui pénétraient le cœur comme autant de flèches. Et la même ritournelle continuait de lui déchirer la tête : comment, mais comment ai-je pu me tromper de nuage, prendre un *nimbus* pour un *congestus* ?

C'est ainsi qu'ils attendirent une nuit entière et la moitié d'un jour. Sans bouger ni accepter la moindre nourriture. Et c'est ainsi qu'ils s'endormirent tous ensemble, vaincus. Même Hans, malgré sa honte.

X

Victoria, l'amie de la mécanique et des roues, se réveilla la première. Souvent, les filles ont moins besoin de sommeil. Peut-être parce qu'elles songent beaucoup durant la journée : elles n'ont pas besoin de la nuit pour rêver. À pas de loup, elle sortit du dortoir. Et tout de suite s'arrêta, tendant l'oreille. Le silence le plus total avait succédé au vacarme de la veille.

La vie fait du bruit. Forcément. Toutes les vies, même celle des plantes : quand elles poussent, ça s'entend. Il suffit d'être attentif.

Quand les bruits, tous les bruits ont disparu, c'est mauvais signe. Très mauvais signe. Une idée coupante et glacée comme un couteau traversa le cerveau de Victoria. Et si j'étais morte ? Et si tous les autres étaient morts, comme moi ? Et si la tempête nous avait tous tués dans notre sommeil ?

Affolée, elle courut jusqu'à la chambre de la directrice. Frappa. Sans succès. Osa ouvrir. Vide. « Elle doit déjà travailler », dit-elle tout haut, pour se calmer. Et se précipita dans son bureau. Vide aussi. Elle marcha jusqu'à la fenêtre. Aucune trace d'être vivant. Alors elle se mit à hurler.

Seul le silence lui répondit.

Et le silence n'est pas une réponse mais un gouffre.

Quatre à quatre, elle remonta l'escalier et jaillit dans le dortoir.

– L'île est vide !

La plupart dormaient encore. Les autres grognèrent :

– Moins fort.

– Qu'est-ce que tu racontes ?

– Personne, je vous dis. L'île est vide. Cette femme maudite nous a abandonnés.

Et elle secoua Thomas et Hillary qui, telles des autruches devant un trop grand danger, s'étaient caché la tête sous leurs oreillers.

– Habillez-vous, idiots ! Qu'allons-nous devenir ?

Personne ne voulait croire à l'annonce de Victoria.

– Tu as mal cherché.

– Elle est sûrement dehors, avec ses chiens de garde.

– C'est vrai que notre directrice est minuscule.

– Une quasi-naine.

– Et avec les robes géantes qu'elle porte…

– Le vent l'aura emportée…

– Quelle mort atroce !

– Pauvre Mme McLennan !

– D'accord, elle méritait d'être punie pour le plancher mobile, mais pas comme ça !

– Enfin, les amis, de quoi avez-vous peur ? Personne plus que nous n'a l'habitude des îles désertes.

– Étienne, s'il te plaît, ce n'est pas le moment de jouer aux énigmes.

– Nous vivions déjà dans une île déserte, avant cette aventure…

– Explique.

– Une passion isole. Isole de tout, des autres, de la vie, isole du reste du monde tout autant que la mer.

– C'est vrai que vu comme ça…

– Moi, je vais à la cuisine.

– Pourquoi ? Tu as faim ?

– Imbécile ! Il faut savoir combien il nous reste de jours à vivre.

– Il faudra mettre une clef au garde-manger.

– Deux clefs seraient mieux. Je peux fabriquer la double serrure, dit Victoria.

– Et pourquoi deux ?

– Comme ça, il faut être deux pour ouvrir. C'est plus sûr.

– La confiance règne !

*

*   *

La tempête s'en était allée. Le ciel était d'un bleu pâle, timide, comme pour se faire pardonner sa colère de la veille. Une brise légère et fraîche courbait la tête de ces plantes jaune et vert pâle qu'on appelle fenouils. La mer dormait, tranquille, sous le soleil, tel un animal épuisé. De petites ondes agitaient sa peau, signes d'un sommeil seulement peuplé de visions douces. Les mouettes planaient, pour une fois silencieuses : elles ne ricanaient plus, elles avaient compris que l'ironie, ce matin-là, n'était pas de mise. On ne ricane pas devant la beauté du monde. Des étourneaux picoraient frénétiquement le sol, tout à la joie d'avoir retrouvé le plaisir de chasser les vers.

Un instant, les sept considérèrent, bouche bée, cette paix. Qui pouvait croire devant tant de calme qu'une guerre, la guerre du vent, était passée par là ?

La mer avait monté et semblait ne plus vouloir redescendre, de grandes étendues liquides remplaçaient ce qui, la veille encore, était des landes.

Réfugiés sur une colline, la dernière colline, Sir Alex et Mme McLennan fixaient le paysage désolé. Notre directrice avait compris la leçon. Elle avait abandonné ses robes de folle qui avaient nargué le ciel. Elle s'était vêtue de gris. En sautant pardessus les flaques, elle rejoignit les sept.

– Amis stagiaires, je ne vous cache pas que la situation est grave.

À son tour, Sir Alex s'approcha. Il n'avait rien perdu de son flegme.

– Décidément, la mer est un drôle d'animal.

Les sept dansaient d'un pied sur l'autre, sans savoir que faire : devaient-ils croire à la catastrophe ? Ou le cerveau cruel de Mme McLennan avait-il inventé une nouvelle et terrible épreuve ?

Étienne, le plus angoissé, celui qui craignait tout et d'abord la maladie, parla le premier. Les mots sortaient en tremblant de sa bouche.

– Vous allez appeler au secours, n'est-ce pas ? Vous allez appeler tout de suite et quelqu'un va venir nous chercher ?

– Appeler ? Mais appeler comment ? Tu n'imagines quand même pas que le téléphone a résisté à la tempête ? Quelqu'un d'entre vous se sent-il la voix assez forte pour alerter le continent ?

Alors gloire à Morwenna ! Que sa vaillance soit célébrée dans les siècles des siècles !

– Retournons à la maison, dit-elle. Il doit bien y avoir une solution ! Nous allons la trouver.

Gloire à Javier aussi ! Il se rangea tout de suite à ses côtés.

– C'est maintenant que nous allons montrer qui nous sommes. Il n'y a pas une minute à perdre.

Personne ne s'était rendu compte du miracle : **malgré la diversité des langues, tout le monde se comprenait**. Sans doute que les vents, les vents terribles avaient, dans les têtes, redistribué les mots.

XI

La honte est un méchant microbe.

Quand il entre en quelqu'un, il lui ronge la volonté, la gaieté, tout ce qui donne l'envie et le plaisir de vivre. Le honteux s'enfouit sous terre, comme un animal qui hiberne. Il s'enferme en lui-même. Il ne répond plus aux paroles ni aux sourires. Il demeure immobile, les mains moites et les yeux baissés, accrochés à la pointe de ses chaussures.

Tel était Hans, le honteux, depuis la tempête, la maudite et trompeuse tempête, celle qu'il n'avait pas su prévoir, malgré ses années d'études, ses cours du soir et les dizaines de livres qu'il avait, patiemment, méticuleusement résumés.

Ses camarades avaient pitié de lui. Ils lui faisaient des petits cadeaux, ils lui disaient des gentillesses.

Peine perdue.

La honte est un microbe tenace. Aucun médicament n'est efficace contre lui. Il faut de grands projets pour s'en débarrasser.

*
* *

Et maintenant ?

Les sept s'étaient réunis dans la salle à manger. Hillary avait fait du café. Javier, Victoria et Mme McLennan ne cessaient de se lever : ils pillaient le frigidaire. Certains tempéraments sont ainsi : dans l'adversité, il leur faut manger.

Un drôle de sourire ne quittait pas les lèvres de Sir Alex. La situation semblait l'enchanter. Elle devait lui rappeler des moments intenses de sa carrière : c'est la mi-temps, l'équipe est menée trois-zéro, elle vient de regagner les vestiaires, quels mots doit trouver l'entraîneur pour lui redonner l'élan nécessaire à la victoire ?

Comment s'échapper de cette île maudite ?

Je ne dirai pas qui pleurait, je ne veux dénoncer personne. Et pleurer n'est pas forcément une marque de faiblesse.

Que faire ?

La discussion s'envenima vite. La peur exacerbait les caractères. Le ton montait. Et les injures. « Bas de plafond ! » « Yaourt sur pattes ! » « Bouffon total ! » « Toi, la fille, tu la fermes ! »

Seule la fatigue peu à peu calma les esprits. De toutes ces violences verbales, une seule conclusion s'imposait. Impossible de fuir en bateau : des courants l'interdisaient. Et le nombre des épaves, ces mâts désolés, ces carcasses rouillées qui surgissaient à marée basse, comme venus de l'enfer, rappelaient l'extrême méchanceté de ces parages.

Qui, le premier, prononça le mot « avion » ?

Aujourd'hui, chacun des sept vous dira fièrement, de toute bonne foi : c'est moi, c'est mon idée !

Mais, ce jour-là, qui osa lancer le mot « avion » ?

Hans. Aucun doute. Hans, notre météorologue. C'est lui le père de notre aventure aéronautique.

On le vit se redresser. Ses yeux reprirent de l'éclat, ses doigts s'agitaient comme pour suivre une musique qui lui trottait dans la tête. Pas de doute : il sortait de la douleur dans laquelle la honte le retenait prisonnier.

Plus tard, lorsque les journalistes lui demandèrent :

– Mais enfin, cette idée folle de construire un avion, comment vous est-elle venue ?

Hans prit un air modeste, l'air modeste des vrais orgueilleux :

– Le ciel nous avait accablés, avec sa tempête. C'était au ciel de réparer, en nous permettant de voler.

*

*   *

On se sépara en ricanant.

– Un avion ? Pourquoi pas une fusée ?

– Moi, je préfère les hélicos !

Mais la nuit, toujours la nuit, merci la nuit, porta conseil.

Et, le lendemain, chacun se réveilla comme si la décision avait été prise.

XII

Victoria s'était levée la première et secouait sans douceur celles et ceux qui dormaient encore.

– Allez, allez, paresseux ! Ne perdons pas de temps ! Il faut commencer l'inventaire.

– L'inventaire ? Quel inventaire ? À quoi sert un inventaire ?

Victoria jeta sur ses camarades le plus méprisant des regards.

– Qui a lu *Robinson Crusoe* ?

Deux doigts, timidement, se levèrent.

– Bon. Je résume pour les autres. À la suite d'un naufrage, Robinson s'est retrouvé seul sur une île. Robinson est le génie de la débrouillardise. Nous devons suivre ses leçons.

– Quel rapport avec l'inventaire ?

– Première leçon : dresser une liste complète de toutes les richesses disponibles de l'île. Et surtout SANS TRIER car nul ne sait ce que l'imagination peut un jour nous dicter : un vulgaire bout de bois qu'on s'apprête à jeter peut devenir le plus précieux des outils à condition qu'on ait l'idée d'y adjoindre une voile.

Les stagiaires grondèrent un peu. Le ton autoritaire de Victoria les énervait fort. Mais elle avait raison. Le temps pressait. Et ce Robinson était un modèle qui pouvait être utile.

Ils s'habillèrent donc en quatrième vitesse, avalèrent deux tartines au réfectoire et enfilèrent leurs bottes, prêts à l'exploration.

– Tu ne viens pas avec nous ?

– Moi, répondit Victoria, toujours aussi orgueilleuse, je m'occupe du moteur. C'est assez important, un moteur, pour un avion, non ? Javier, tu veux bien m'aider ? Je ne te prendrai pas longtemps. Mais il y a des écrous rouillés à desserrer.

Cette fois, Victoria avait dépassé les bornes. Une telle prétention ! Cette manière de donner des ordres à tout le monde ! Et surtout cette façon de se réserver le beau Javier que les autres filles trouvaient aussi à leur goût… On lui lança des regards noirs. On s'avança vers elle, menaçant.

Mais comme elle s'était déjà mise au travail, allongée sur le sol et les deux mains dans le ventre de la machine à laver, on haussa les épaules et l'on partit sur les traces de Robinson, grand professeur de solitude, dresser le fameux « inventaire ».

*

* *

L'exploration fut longue, pénible et décourageante. Chaque buisson fut inspecté, chaque crevasse sondée pour vérifier qu'elle n'abritait pas quelque cachette ou l'entrée d'une grotte. Quelle fut notre récolte ? Quelques planches et un lit de fer tout rouillé arrivé sur la plage à la suite de quelles aventures, on se le demande. Et presque rien d'autre. À croire que quelqu'un nous avait bouché les yeux. Ou peut-être que nous ne savions pas encore regarder. Car l'île, cette île qui nous avait semblé tout à fait vide, ce jour-là, allait nous offrir plus tard de formidables (et très étranges) richesses.

Quoi qu'il en soit, c'est un groupe épuisé, découragé qui, comme le soir tombait, regagna le réfectoire.

– Tu vois ce que je vois ?

– Où a-t-elle trouvé tout ça ?

Victoria avait rapproché les tables. Et, sur cette sorte d'estrade, elle avait rassemblé tous les moteurs qu'elle avait pu démonter.

– Pour ceux qui n'y connaissent rien en mécanique, je vais vous les présenter : celui-ci, c'est le moteur de la machine à laver ; celui-là, je l'ai retiré du congélateur ; cet autre, si petit, actionnait le ventilateur ; à sa droite, un reste de hors-bord, pas si rouillé…

Et ainsi de suite. Elle en avait rassemblé une bonne quinzaine.

– Il manque les deux plus lourds. Le moteur de la Land Rover, là-bas, dans la cour. Et le squelette de tracteur, près de la jetée, recouvert de ronces. J'ai découvert quelques pièces qui devraient pouvoir me servir. Alors, qu'est-ce que vous en dites ?

Si avec tous ces moteurs je n'arrive pas à construire un moteur, notre moteur, c'est que je ne m'appelle pas Victoria !

Elle rayonnait de fierté et de certitude. Entre les moteurs passaient et repassaient des chats, une bonne dizaine de chats. Ils se frottaient le dos contre les blocs d'acier. Ils ronronnaient de bonheur. Depuis quand les chats, en tout cas les chats de l'île, se passionnaient-ils pour la mécanique ? Mystère.

– Et maintenant, reprit Victoria, donnez-moi chacun votre montre.

– Notre… montre ?

– Voler ou pas voler, il faut savoir ce que vous voulez ! J'ai besoin de tous les moteurs, grands ou petits !

Tous les six, Javier compris, pointaient sur Victoria des regards éberlués : leur camarade était-elle devenue folle ? L'un puis l'autre et bientôt tous éclatèrent de rire.

– Tu te moques de nous, c'est ça ?

Victoria secoua la tête.

– Dans la vie, il faut savoir ce qu'on veut ! Pour l'instant, je ne touche pas au générateur, celui qui nous donne l'électricité. De toute manière, il va bientôt s'arrêter, faute d'essence. Ça ne fait rien, on s'éclairera avec des bougies. En voici deux boîtes… Maintenant, bonne nuit ! Moi, je travaille.

Cette Victoria était peut-être insupportable, mais comment ne pas l'admirer ?

*

*   *

Le lendemain, quand ils revinrent au réfectoire, les stagiaires trouvèrent Victoria toujours assise sur sa chaise, à l'endroit où ils l'avaient laissée. Et endormie. Elle tenait encore son crayon et son front reposait sur un tas de papiers recouverts de dessins bizarres et compliqués. Elle ouvrit un œil :

– Je crois que j'ai la solution. Il ne manque plus que le carburant.

Elle sourit. Et, manifestement épuisée, elle se rendormit.

XIII

Où trouver un fuselage, le corps de l'avion, dans cette île déserte et de plus en plus menacée par la mer ?

Hillary était la plus angoissée. En tant que spécialiste des boîtes, les boîtes de toutes les tailles, de la cassette à bijoux aux coffrages de béton dans lesquels on enferme les centrales nucléaires, c'était elle la responsable de cette partie, capitale, du projet. Alors, ayant entendu dire que la marche excite l'imagination (quand on marche, on appuie sur des pompes minuscules situées dans la plante des pieds : elles envoient du sang et donc de l'oxygène au cerveau), elle marchait, ne cessait d'arpenter l'île. Passait et repassait notamment devant une petite baie.

Un chef-d'œuvre de baie. On aurait dit une arène bleue, ou la piste d'un cirque, presque parfaitement ronde, comme creusée dans le rocher et fermée par un goulet. Les vagues s'y engouffraient avec un fracas sourd. Seuls les jours de calme absolu on en pouvait distinguer le fond :

du sable, un cercle de sable blanc qui, la nuit, devenait phosphorescent. Si bien qu'on pouvait se demander si ce n'était pas la lune qui se reposait là, incognito, en attendant de remonter dans le ciel pour reprendre son travail de réverbère intermittent.

Et puis il y avait cette forme sombre et longue, comme un gros crayon chevelu posé sur le sable. Les algues ondulaient au gré des courants, telles des mèches interminables qu'un vent très lent aurait animées.

Jusqu'à ce jour, Hillary s'était contentée de regarder cette étrangeté. Quel bon démon lui souffla soudain la question qui allait tout changer ? Allez savoir, avec ces personnages fantasques qui se promènent dans notre tête, leurs humeurs et leurs initiatives sont imprévisibles. Elle se demanda soudain : que peut bien cacher cette végétation ?

Et, vainquant son vertige, elle descendit le long de la falaise où les prises ne manquaient pas. Bientôt, elle entrait dans l'eau et nageait vers la forme sombre.

Elle frissonna : les algues, apparemment joyeuses de sa venue, lui caressaient le ventre tandis que des crevettes, ou d'autres animaux invisibles, lui mordillaient les jambes. Elle avança la main, arracha l'un des goémons et poussa un cri. Au lieu du rocher attendu, ce bon vieux granit, un morceau d'os était apparu, une tache blanchâtre, irréelle dans cette forêt mouvante où tout n'était que vert sombre, châtain et noir. Réprimant sa frayeur, elle y posa un doigt et ne put s'empêcher de sourire : jamais elle n'avait touché surface plus douce. Alors une grande excitation s'empara d'elle. Une fois la curiosité déclenchée, comment lui résister ?

Elle arracha encore une algue et puis une autre. Sans regarder. Ses gestes étaient frénétiques. Des spectateurs l'auraient crue folle. Heureusement, ses compagnons étaient trop occupés ailleurs pour s'intéresser à sa baignade. Et c'est alors que surgit l'idée.

Une idée invraisemblable, une idée inquiétante même, une idée assez puissante pour, à peine née, renverser les obstacles. À commencer par celui du vertige : Hillary escalada la falaise avec l'aisance et la tranquillité d'un alpiniste chevronné.

Et, sitôt rhabillée, les cheveux encore trempés, elle courut à travers l'île pour rameuter ses camarades.

– Venez vite ! J'ai trouvé ! J'ai trouvé !

– S'il te plaît, calme-toi. Si tu te voyais… On dirait une folle. Reprends ton souffle.

– J'ai trouvé notre fuselage.

En grognant, les six, y compris Victoria, qui pourtant n'avait jamais, ni de jour ni de nuit, quitté ses morceaux de moteur, se laissèrent entraîner jusqu'à la crique. Et, là, le soupçon qu'ils nourrissaient devint certitude : l'angoisse et les privations avaient bouleversé le cerveau de Hillary. La malheureuse avait bel et bien perdu la raison. Comment expliquer autrement la démence de son projet ?

– Vous avez devant vous une carcasse de baleine. Il suffit de la débarrasser de ses algues, de la tirer jusqu'à la plage. Et voilà.

Les six se regardèrent, atterrés : pauvre Hillary ! Il ne fallait surtout pas la contrarier.

C'est donc par pitié, sans croire une seconde au résultat, qu'ils descendirent dans l'eau et se mirent à ce très dégoûtant travail de désherbage.

Le soir, le squelette était dégagé, les restes d'une jolie petite baleine de vingt mètres. Trop curieuse ou trop affamée, elle avait dû s'aventurer dans la crique et ne plus jamais pouvoir repartir.

La marée était descendue à son plus bas. C'est-à-dire qu'on pouvait pénétrer dans l'animal. Hillary rayonnait.

– Vous voyez. Je ne vous avais pas menti. À l'intérieur, nous tiendrons tous à l'aise. Pas besoin de fauteuils de première, n'est-ce pas ?

Et si leur amie n'était pas folle mais géniale ?

À cette question, la réponse définitive fut fournie l'instant d'après, lorsqu'elle se pencha, saisit un caillou et, à la stupéfaction et à l'horreur de ses camarades, commença à taper sur un des morceaux d'os.

– Décidément, tu es malade, Hillary, arrête !

Elle continua à frapper ici et là sans s'occuper des protestations. Puis se releva, satisfaite.

– C'est bien ce que j'espérais : les algues ont

protégé le squelette, il est plus solide que jamais. Voyons maintenant autre chose.

Elle se pencha, agrippa l'extrémité de la malheureuse baleine qu'elle souleva sans effort.

– Vous connaissez quelque chose de plus léger ? La mer a bien travaillé. Bon. Nous avons notre fuselage. Vous ne croyez pas ?

Cette baleine s'était endormie.
Nous allons la réveiller.

Les applaudissements éclatèrent. Alors Hillary se fabriqua un air modeste qui devrait être enseigné dans toutes les écoles d'humilité : on plisse les yeux, on baisse la tête, on ne sourit qu'à peine et on lève les deux mains devant soi, paumes ouvertes, pour proclamer clairement à la face du monde que tant d'honneurs, vous ne les méritez pas.

– Maintenant, il faut la tirer jusqu'à la plage. À toi de jouer, Étienne. Montre-nous que tu es le roi du déménagement !

XIV

– Une ! Deux ! Une ! Deux ! On ne ralentit pas la cadence !

Envolées ses angoisses, oubliée sa crainte de couver une ou plusieurs maladies graves, Étienne, le maître déménageur, s'était changé en professeur de gymnastique.

– Je suis trop fatiguée, je sens que je m'évanouis.

Un professeur implacable, qui n'acceptait aucune faiblesse.

– Courage, Victoria. Si on manque la grande marée, je ne réponds plus de rien.

Sir Alex approuvait. Il retrouvait son savoir d'entraîneur, prodiguait de précieux conseils :

– Inspirez, soufflez, inspirez… Hans, réfléchis, comment veux-tu souffler si tu ne remplis pas d'abord tes poumons ?

Qui avait habité l'île avant l'arrivée de la Fondation ? Et qu'y faisait-on ? La découverte de palmes, de combinaisons, de masques et de dix canots pneumatiques dans un hangar (mal) fermé (le verrou au premier coup tomba en poussière rouge tant l'humidité l'avait rongé) faisait inévitablement penser à un centre de nageurs de combat. Combattre qui ? Quel ennemi ? Inquiétude et mystère. En tout cas, on ne pouvait dédaigner une telle aubaine. Même si l'absence de tout moteur hors-bord ruinait l'espoir d'utiliser ces canots pour fuir. Maintenant, il fallait gonfler tous ces boudins. D'où le dispositif imaginé par Étienne : une ligne de soufflets, de ceux qu'on actionne par le pied.

Et les sept montaient alternativement une jambe et puis l'autre. Une ! Deux ! Une ! Deux !...

Sir Alex battait la mesure.

De loin, on aurait sans doute dit un club pour vieux, un centre de remise en forme.

– À quoi ça sert tout ça puisque, de toute façon, les courants sont trop forts ?

– Tais-toi et marche.

– Je ne marche pas puisque je n'avance pas.

– C'est ton intelligence qui ne marche pas.

Bref, après quelques révoltes de ce genre, vite matées, la flotte de canots fut bientôt prête. Rien de plus facile que les conduire à pied d'œuvre : ils glissaient comme des luges sur la lande. Ensuite, il suffisait de les jeter du haut de la falaise.

Alors on commença à deviner quelle était l'idée du maître déménageur. Il attendit que l'eau baisse, guettant sa trace sur le sable. Une fois l'étale atteint, il donna le signal.

– Voilà, nous pouvons y aller.

Par la bouche grande ouverte de la baleine, les canots un à un furent poussés dans le squelette.

Il n'y avait plus qu'à attendre.

Drôle de spectacle, assez semblable à une radiographie : sous l'arceau clair des os, ces masses sombres des canots, comme la trace des organes, le cœur, le foie, les poumons !

Peut-être l'énorme allait-elle revivre ?

On en eut bientôt la certitude. Car, au fur et à mesure que montait la marée, la baleine se détachait de son lit d'algues.

Le reste du voyage se déroula sans difficulté. À la redescente, le courant se chargea de tout : entraîner hors de la crique, par le goulet, l'animal quasi ressuscité, le pousser vers le sud, le long de la côte jusqu'à la plage. Alors on lui passa une corde autour de la queue. Les sept n'eurent qu'à tirer.

*

*   *

– Vous dormez ?

– Non.

– Moi non plus.

– Ni moi.

La bougie, unique lumière du dortoir, était éteinte depuis longtemps et personne n'arrivait à trouver le sommeil. Le souvenir de la baleine occupait trop les esprits.

– Je voudrais vous dire… je vous remercie pour votre aide.

– Pas de quoi, Hillary.

– Et bravo aussi à Étienne.

– Vous croyez que Victoria va réussir notre moteur ?

– En tout cas, inutile de lui proposer notre aide.

– On te voit venir, Javier. Arrête de la draguer.

Quel plus grand bonheur que parler, parler sans fin dans le noir entre amis ? On vogue ensemble dans la nuit comme sur une mer infiniment calme. Et jamais, jamais nous ne nous séparerons…

– J'ai encore une question.

– Vas-y.

– Mais c'est la dernière, Hillary ! Regarde, il est près de quatre heures !

– On ne peut pas laisser le squelette à nu. Il faut une peau pour notre avion.

– Tu as une idée ?

– Plutôt deux. Soit utiliser les draps de nos lits…

– Jamais ! On en a trop besoin pour dormir.

– De toute façon, ils sont trop légers, ils vont se déchirer.

– Alors je vais prendre les vieilles voiles de bateau.

– Excellent ! Par définition, une voile sait y faire avec l'air !

– Dites, les filles, maintenant, ça suffit !

– Oui, on meurt de sommeil, figurez-vous !

XV

Construire !

C'était devenu l'obsession de Morwenna. Un besoin qui, en elle, envahissait tout. Une marée qui ne cessait de monter. Une chanson qui ne quittait jamais sa tête : construire, enfin construire, en vraie grandeur, une aile !

Elle en avait tant regardé, depuis l'enfance, tant dessiné, tant rêvé. À son heure, il faut que l'espérance devienne réalité : l'enfant qui refuse de naître finit par tuer la mère qui le porte. C'était cela, exactement cela, que ressentait Morwenna. Je porte en moi la plus parfaite forme du monde : une aile. Si je ne trouve pas un moyen de la fabriquer vraiment, c'est-à-dire de la faire sortir de moi, je vais mourir. Voilà pourquoi, bien avant la tempête, l'île l'avait tellement déçue : en débarquant, elle avait cru, cru de toute son âme que la Fondation lui avait préparé tout le nécessaire pour construire sa première aile. Hélas ! Ce n'était qu'un territoire bien sûr, mais sans arbres, et donc sans bois, sans aluminium… Voilà pourquoi, bien

avant la tempête, elle voulait tant fuir. À quoi bon s'attarder dans un désert où jamais personne ne pourra réaliser son rêve ? Et, maintenant que cette prétentieuse de Hillary venait de découvrir le fuselage idéal, la douleur de Morwenna devenait intolérable : je le sens bien, ils m'attendent, ils m'attendent tous. Qu'est-ce qu'un avion sans ailes ? Et comment je vais faire, moi, pour que deux ailes apparaissent ? Frapper dans mes mains, prononcer sous la pleine lune des formules magiques ? Me vendre au diable ? Pourquoi pas ? Mais comment entrer en contact pour lui proposer le marché ? Il a un site Internet, ce diable ?

*

*   *

C'est Javier qui sauva le groupe, justement grâce à son insupportable défaut : l'ironie, le ricanement perpétuel.

Qu'est-ce qu'un ironique ?

Un ironique est un homme ou une femme malade de l'œil : il ne peut s'en empêcher, il ne voit que les défauts des gens ou des choses, les ridicules d'une situation.

Ce soir-là, rentrant au centre, après avoir aidé

au déménagement de la baleine, il promenait sur l'île son œil ironique : que vais-je bien pouvoir découvrir aujourd'hui de grotesque ?

Gloire à Dieu, sa chasse fut fructueuse.

Cette tour, posée là, au sommet de la colline, il ne l'avait jamais bien regardée. Et voici qu'elle se révélait à lui dans toute son absurdité : trop basse pour être un phare, bien trop haute pour servir d'abri à des douaniers ou autres guetteurs professionnels, elle était nulle, une non-tour, une tour pour rien.

Et il se mit à rire, son rire bien connu et haï par tout le groupe, un rire grinçant, aussi insupportable qu'un ongle qui raye un tableau noir.

On se précipita, prêt à l'étrangler.

– Tais-toi immédiatement ou il va t'en cuire.

Javier se tordait d'hilarité.

– Non mais visez-moi cette imbécile. À quoi peut-elle bien servir ? En plus, elle a un grand trou de chaque côté.

C'est alors que l'illumination vint à Morwenna. À voix basse elle murmura :

– Un moulin.

– Répète, on n'a pas entendu.

– C'est un moulin. Avec un peu de chance, on a gardé ses ailes.

On l'aida à forcer la porte. Les autres crièrent leur déception : il n'y avait rien là qui puisse servir. Des sortes d'échelles, tout à fait démantibulées, auxquelles pendaient des lambeaux d'une toile rigide plus qu'à demi dévorés par les rats.

Seul le visage de Morwenna rayonnait de joie.

– Vous n'y comprenez rien. Ce sont les ailes que je cherchais. Alléluia, alléluia !

Et, dans l'instant, elle retroussa ses manches.

*

*   *

Pendant ce temps-là, Thomas, aidé par Hans et Hillary, tendait et collait sur le squelette les vieilles voiles. Peu à peu, la baleine reprenait forme. Mais sa couleur étonnait : qui a déjà vu la peau d'une baleine marron sombre, tirant vers le rouge, et parsemée de lettres et de chiffres, D2 382, CC 228 ? Après réflexion, on avait compris qu'il s'agissait des immatriculations des bateaux…

Étienne mettait la dernière main à une minigrue qui permettrait à Victoria de soulever et de transporter l'énorme moteur du tracteur.

Quant à Javier, il avait regagné le dortoir, après sa découverte. « J'ai la grippe », avait-il déclaré, se posant la main sur le front. Mais nul n'avait cru à ses grimaces. Il fallait le laisser tranquille, il manigançait forcément quelque chose. Mais quoi ? La suite allait montrer que nous ne nous étions pas trompés. Hélas !

Bref, occupés comme nous étions, personne ne vit arriver le bateau-ambulance.

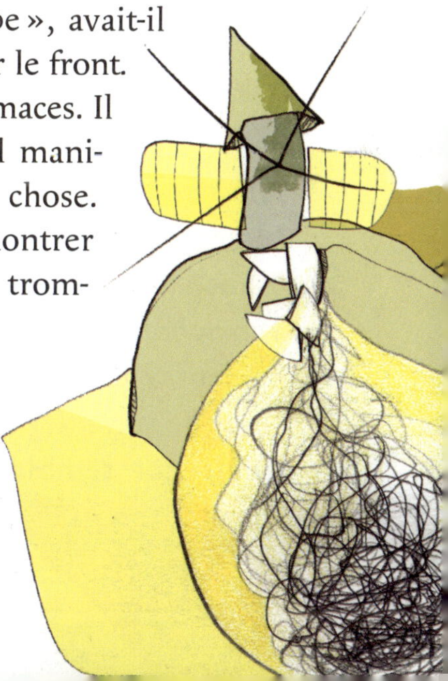

XVI

– NE CRAIGNEZ PLUS RIEN !

– VOUS ÊTES SAUVÉS !

Comment ne pas sursauter ? Une voix énorme, de toute évidence amplifiée dix fois par un haut-parleur, balayait l'île. Un à un, nous relevâmes la tête et courûmes vers le bord d'où semblaient venir ces paroles démesurées.

– RASSEMBLEZ VOS AFFAIRES !

– N'EMPORTEZ QUE LE STRICT MINIMUM !

Une montagne s'approchait du quai, un paquebot entièrement blanc, de la ligne de flottaison au radar le plus haut. Sur la passerelle, à côté d'un commandant très galonné, deux hommes et une femme s'agitaient. Ils portaient tous les trois une blouse de la couleur de leur bateau, parfaitement blanche, et un stéthoscope autour du cou. Que venaient faire des médecins dans notre île ? À ma connaissance, tout le monde tombait de fatigue à force de travailler mais personne n'était malade. Celui qui semblait être le chef des blouses blanches s'adressa à notre directrice qui nous avait précédés.

– Pardon d'arriver si tard mais nous n'avons pas su où donner de la tête avec cette terrible tempête.

– Vous êtes tout excusés. Que pouvons-nous faire pour vous ?

– Faire pour nous... ?

La blouse blanche en chef était stupéfaite.

– ... Mais préparer l'évacuation, bien sûr !

Il reprit son haut-parleur.

– VOUS AVEZ DIX MINUTES !

Sur un signe du commandant très galonné, une passerelle s'abaissa. L'instant d'après, les trois blouses blanches avaient rejoint le quai et s'avançaient vers nous, bras grands ouverts.

– Votre cauchemar est fini, les enfants !

Nous n'en croyions pas nos yeux ni nos oreilles.

– Un cauchemar ? Quel cauchemar ?

– Et quels enfants ? Tu vois des enfants, toi ? Pourquoi pas des bébés ?

Les trois médecins ne nous lâchaient plus. Ils tentaient de nous ausculter avec leurs stéthoscopes. Ils nous tapotaient les joues, nous demandaient de tirer la langue, nous assaillaient de questions.

– Pas de vertiges ?

– Ton cœur ne bat pas trop vite ?

– Pas de diarrhée, tu es sûr ? Tu dors bien ? Allez, ne mens pas.

Notre bonne santé semblait les étonner et plus encore les agacer. La visite médicale s'arrêta net. Et, de nouveau, le haut-parleur nous cassa la tête.

– BON. FINI DE RIRE. D'AUTRES ÎLES NOUS ATTENDENT. JE VOUS DONNE DIX MINUTES OU NOUS PARTONS SANS VOUS !

Un grand silence suivit cette menace. On n'entendit plus que le ronron des machines et le très léger bruit du ressac contre la coque. Nous nous regardâmes avec gravité. L'un après l'autre, nous hochâmes la tête. Et Morwenna s'avança vers la blouse blanche en chef.

– Nous avons décidé de rester ici.

– PARDON ?

– Pas la peine de crier. Nous avons un projet. Nous le finirons.

– ÇA NE SE PASSERA PAS COMME ÇA !

– Pour une fois que je peux construire des ailes !

– Et moi tester la solidité de mes colles.

– Pour une fois que je participe à une équipe.

Les trois blouses blanches se tournèrent vers la directrice.

– DITES QUELQUE CHOSE !

Mme McLennan souriait. Elle n'avait pas cessé de nous regarder depuis l'arrivée du bateau et son sourire ne cessait de s'agrandir. Je crois bien que c'est à ce moment qu'elle a commencé à nous aimer.

– C'est à eux de choisir.

– COMMENT ? DEPUIS QUAND
LAISSE-T-ON CHOISIR LES ENFANTS ?

– Depuis qu'ils ne sont plus des enfants.

Sur sa passerelle, le commandant très galonné s'impatientait. Il cria quelque chose qu'on n'entendit pas.

Le médecin-chef tendit le haut-parleur à sa voisine, plongea la main dans sa poche, en tira une feuille de papier, un stylo, les tendit à notre directrice, et reprit son engin troueur d'oreilles.

– ÉCRIVEZ ! JE PRENDS L'ENTIÈRE RESPONSABILITÉ DE M'OPPOSER À L'ÉVACUATION.

– Je préfère écrire la vérité, c'est-à-dire ceci : d'un commun accord, les sept stagiaires et leur encadrement ont décidé de demeurer sur l'île pour réaliser leur projet.

– SEPT STAGIAIRES ? JE N'EN VOIS QUE SIX.

Javier s'énerva.

– Victoria s'occupe de notre moteur, figurez-vous. Elle n'a pas de temps à perdre en bêtises.

– D'ailleurs, moi aussi, j'ai du boulot, dit Morwenna.

– Moi aussi.

– Tout comme moi, qu'est-ce que vous croyez ?

– Allez, tchao !

Le trio blanc ne voulait pas se résigner à nous abandonner à notre triste sort. Les trois blouses nous bloquaient le passage.

Alors Étienne, notre doux, craintif et géant Étienne, notre déménageur, prit les blouses blanches dans ses bras immenses, oui, les trois blouses blanches ensemble, et, sans se préoccuper de leurs protestations et de leurs petites jambes qui s'agitaient furieusement sous les blouses, il les remonta par la passerelle et les remit comme un cadeau au commandant très galonné. Le haut-parleur était tombé sur le quai durant la bousculade. D'un coup de pied tranquille, discrètement applaudi par Sir Alex, notre directrice l'envoya dans la mer.

*

* *

C'est le soir même, vers vingt-trois heures, que l'île se mit à trembler. Avouons l'inavouable : la terreur nous envahit. Nous n'étions pas beaux à voir. Certains claquaient des dents, d'autres pleuraient. Et la dispute devint générale. Une mauvaise dispute, pleine d'aigreur et de ressentiment.

– Nous allons tous mourir noyés !

– Quelle bêtise de n'avoir pas embarqué sur le bateau blanc !

– C'est ta faute, Javier !

– Non, la tienne, Morwenna ! Avec ta manie odieuse de toujours vouloir parler pour tout le monde…

– Stop ! dit Hans. Écoutez !

– Oh, toi, qui ne sais même pas regarder…

– Écoute, imbécile. Eh, vous tous, vous ne trouvez pas qu'on dirait…

– Tu as raison, on dirait…

– Un moteur !

Il n'en fallait pas plus pour calmer d'un coup

notre peur, notre bataille. Nous nous précipitâmes vers le réfectoire.

*

* *

Un nœud.

Posé sur le sol carrelé, un nœud énorme, un embrouillamini inextricable de tuyaux. Vibrant à se rompre. Grondant comme mille tonnerres. Crachant çà et là de longs jets de vapeur.

Un moteur.

Notre moteur.

Le chef-d'œuvre de Victoria.

Inutile de vous dire que nous lui fîmes la fête qu'elle méritait. Pourquoi ne répondait-elle à nos compliments que du bout des lèvres ? Chère Victoria. Parfois un caractère un peu difficile, mais chère et géniale Victoria…

– Qu'il est beau !

– Tous les goûts sont dans la nature.

– Qu'il a l'air solide !

– Ça, on verra.

– Quelle puissance !

– Pour ça, oui, il peut faire voler cinq baleines. Encore faut-il qu'on lui donne assez à boire…

Comme s'il l'avait entendue, le moteur, notre moteur, hoqueta. Une fois. Deux fois. Toussa à fendre l'âme. Quatre fois. Et, dans un profond soupir, s'arrêta. Net.

Le sourire de Victoria était pâle, plus pâle encore que son visage.

– C'est vrai, j'ai créé un beau moteur. Mais à quoi sert un moteur sans carburant ?

– Tu nous avais dit avoir une idée.

– L'idée, c'étaient les réservoirs de la voiture et du tracteur. Je les ai vidés pour faire ce premier essai. Jusqu'à la dernière goutte.

Lentement, elle retira son bleu de travail maculé de graisse et d'huile.

– Je pars me coucher. Si quelqu'un a une solution, je l'autorise à venir me réveiller. Seulement s'il a une solution.

XVII

De l'extérieur, on entendait les éclats de leur querelle.

– Pas question ! glapissait Hillary.

– Deux étages, imbécile ! hurlait Javier.

Dès le matin, ils étaient entrés dans la baleine et avaient commencé à discuter sur la manière d'aménager cette énorme carcasse. Au début, les échanges avaient été courtois. Mais le ton avait vite monté. Et de minute en minute les insultes devenaient plus violentes.

– Tu passeras plutôt sur mon corps !

– J'aurais trop peur de me salir !

Alertée, la directrice accourut.

– Morwenna ?

– Oui, madame ?

– Va vite chercher tout de suite Sir Alex. Il a sûrement connu des bagarres entre joueurs. Il faut se méfier avec les injures : à un certain degré de méchanceté, elles restent gravées pour toujours, on ne les oublie plus, aucune réconciliation ne sera plus jamais possible. Vite.

Dans la baleine, les deux enragés ne devaient pas être loin d'en venir aux mains.

– Pauvre fille ! Regarde-toi ! Tu as les cheveux tellement sales, comment veux-tu que ton cerveau soit propre ?

– Ne me touche pas ! Ou je te crève les yeux.

Étienne et Hans se préparaient à intervenir quand arriva Sir Alex. Il jouait le vieil homme épuisé, exaspéré qu'on vienne déranger son repos. En fait, à un léger, très léger plissement de ses paupières, à un joyeux, très joyeux éclat de ses yeux, on devinait qu'il était ravi de retrouver ses activités d'autrefois. Il demanda aux combattants de sortir.

Et maintenant, le groupe entier était réuni dans un coin de l'atelier. Tout le monde assis sauf les deux combattants. Ils se faisaient face, sans se regarder.

– Bon, dit Sir Alex. Chacun va présenter son point de vue. Si vous avez besoin de schéma, il y a un tableau noir derrière vous. Et n'oubliez pas : le premier qui élève la voix, je lui retire la parole. À toi, Hillary.

Toujours dans sa colère, elle commença dans les aigus. Mais peu à peu parvint à se maîtriser.

– Il veut, vous imaginez ?, il veut construire un escalier dans notre baleine.

Un éclat de rire général accueillit cette révélation : un escalier, je vous le demande un peu, nous connaissions la passion de Javier pour les escaliers mais, là, il y allait un

peu fort. Hillary avait raison de s'opposer à cette folie…

D'un geste, Sir Alex arrêta le brouhaha.

– Bon, Hillary s'est exprimée. À toi, Javier.

La première partie de sa plaidoirie fut limpide.

– Tout espace doit être occupé. D'accord ?

– D'accord.

– La carcasse de notre baleine est si grosse. Pourquoi ne pas y installer deux étages ? Après tout, personne ne peut savoir qui utilisera notre avion.

Les passagers futurs auront plus de place. D'accord ?

– D'accord.

Hillary protesta.

– Moi, j'aime avoir de la hauteur au-dessus de la tête.

– Même si tu redresses tes nattes avec du gel, elles ne toucheront pas le plafond.

– Imbécile!

– Idiote!

Sir Alex s'interposa et Javier conclut :

– Qui dit deux étages dit forcément escalier pour passer de l'un à l'autre.

Le groupe n'était pas convaincu. Après tout, l'urgence était de quitter l'île, pas de prévoir les utilisations à venir de notre appareil.

Alors Javier pâlit. Ses mains tremblaient. Il inspira fort. On aurait dit qu'il hésitait à se jeter à l'eau. Ou à révéler un secret.

Et tout secret est de la poésie.

– Nous sommes cernés par la mer. Rendons-lui hommage, construisons un paquebot. Un paquebot à plusieurs rangées de hublots. C'est plus beau, le jour. Et encore plus beau la nuit, quand ils sont tous éclairés. Et puis…

Il nous tenait en haleine. Tous, nous répétâmes :

– Et puis?

– Et puis un escalier, dans un avion, c'est un salut, un hommage rendu à l'ascension. Qui porte en lui un escalier prouve qu'il veut monter.

Nous n'étions pas certains de l'avoir bien compris. Mais quelque chose nous disait qu'il avait raison. En lui-même, l'escalier est un projet, une ambition.

L'un après l'autre, nous hochâmes la tête.

Il ne restait plus à Sir Alex qu'à mettre aux voix la proposition.

– Quels sont ceux qui sont favorables au double pont ?

Sept mains se levèrent. Hillary n'avait pas changé d'avis mais Javier avait réussi à séduire notre directrice.

*

*   *

Toute la journée du lendemain, l'île résonna de coups de marteau et de grincements désagréables.

Et, le soir, Javier nous attendait.

– Quand vous monterez vous coucher, faites attention. Ça peut être dangereux !

– Que veux-tu dire ?

– Pour mon escalier… j'ai été obligé de faire… quelques… prélèvements.

Déjà, les plus curieux et les plus fatigués d'entre nous, les plus pressés de s'allonger avaient atteint le premier étage et pénétré dans le dortoir. On entendit leurs cris d'horreur. Il ne restait presque plus rien du plancher, les lits avaient été poussés les uns contre les autres. Un étroit passage y menait, une sorte de passerelle jetée en travers des poutres.

– Qui a fait ça ?

– On va tomber !

– Surtout moi, je suis somnambule.

Javier se rongeait les ongles.

– Pardonnez-moi. J'y suis peut-être allé un peu fort.

Mais c'est fou ce qu'un escalier a besoin de planches.

XVIII

À entendre la foule de bruits humains qui emplissaient le dortoir (sifflements, grognements, ronflements, marmonnements), les autres, tous les autres stagiaires dormaient.

Seule Victoria gardait les yeux ouverts dans la nuit. Et, sur cet écran noir, elle revoyait la journée (encore une journée !) qui venait de s'achever. Où trouver du carburant pour le moteur ? Elle avait beau tourner et retourner la question dans tous les sens, elle ne lui trouvait aucune réponse. Alors, pour tenter de se calmer, elle avait décidé de s'attaquer à un autre besoin de leur avion : les roues. Facile !

*

* *

– Venez tous, Victoria nous prépare des crêpes !

– Tu crois que c'est le moment, alors qu'on n'a plus rien à manger?

– Mais qu'as-tu mis dans la poêle ?

– Drôle de pâte… On dirait…

Les vraies cuisinières n'aiment pas révéler leurs secrets. Victoria résista deux heures et puis céda. Elle prit le ton grave et prétentieux du professeur pour expliquer que certains cristaux de pierre, à condition de les porter à très haute température, se mettent à fondre. En refroidissant, les galettes ainsi formées deviennent plus dures que le fer. Le verre n'a pas d'autre origine.

Qui me croira lorsque j'affirme ceci ? C'est sur quatre roues de sable cuit que, plus tard, l'avion-baleine devait se mettre en mouvement.

*

*   *

Victoria avait fini par s'endormir. Bercée par un refrain orgueilleux : « Décidément, c'est à moi de tout faire, dans cette île ! »

Il faut croire que l'orgueil est très efficace pour fabriquer du sommeil. Quand elle rouvrit un œil, le dortoir était vide. Les autres avaient regagné leurs travaux sans la réveiller.

Et les chats la regardaient, la bonne dizaine de chats qui lui avaient tenu ronronnante compagnie pendant la construction du moteur.

Voyant que leur chère grande amie mécanicienne avait ouvert les yeux, ils se précipitèrent pour se blottir contre elle. Leurs petites langues râpeuses lui léchaient toutes les surfaces de peau qui dépassaient, les oreilles, le bout du nez…

– Quelle horreur !

Victoria se redressa d'un coup, manquant de se faire griffer. Les chats, *ses* chats, tous ses chats, sans exception, avaient, ce matin, mauvaise haleine. Soyons plus précis : ils puaient du bec. Victoria lutta contre son dégoût, respira un grand coup, saisit par le dos l'un des matous et l'approcha.

– Mon Dieu, mais on dirait… Oui, pas de doute. Ils sentent… le rhum !

Elle se jeta hors du lit, s'habilla en quatrième vitesse.

– Maintenant, mes jolis, il va falloir me montrer où vous l'avez trouvé !

Tout heureux de voir que leur chère grande amie mécanicienne n'était plus fâchée, les chats lui ouvrirent le chemin. Il paraît que leur démarche n'était pas très assurée. Eux, les plus gracieux des êtres vivants, les génies de l'équilibre, voilà qu'ils tanguaient et trébuchaient. L'effet du rhum, sans doute.

Le drôle de cortège (la ligne de chats devant, Victoria derrière) parvint au port, jusqu'à un hangar à bateaux. Tout à fait vide. Enfin, qui paraissait vide pour n'importe qui ne sachant voir ni respirer. Car une minuscule rigole s'écoulait sur le sol. Victoria en remonta le fil. Le fond du hangar était constitué de pierres mal jointes. Et c'était entre deux d'entre elles que le rhum suintait. Jeu d'enfant que de retirer les pierres. Des tonneaux parurent. Un, deux… Six tonneaux de chêne. La réserve secrète, et sûrement très ancienne, de marins de passage. Un bouchon avait été mal enfoncé. Ou commençait à pourrir. Merci, le bouchon malade. Sans lui, pas de chats saouls et pas de carburant pour l'avion!

– Quand je pense qu'un inventaire de l'île a été fait!

Et elle prit les chats, tous les chats, dans ses bras.

– Merci, mes amis! Si vous saviez! Oh, comme je vous remercie!

Et, comme les chats s'étonnaient de cette soudaine explosion d'amour, elle précisa pour eux. Et pour nous, qui étions accourus et avions assisté à la fin de la scène :

– Le rhum est de l'alcool, petits ignorants que vous êtes! Et quand on allume de l'alcool il explose. Et comment fonctionne un moteur? Par une suite d'explosions! Des explosions maîtrisées, bien sûr, mais ça, faites-moi confiance! Vive le rhum! Et vive les marins qui n'ont pas tout bu!

Pour remercier les chats, elle les embrassa chacun sur la bouche, malgré leur épouvantable haleine.

XIX

Lectrice, lecteur, je vous connais.

Bien sûr, vous vous demandez : mais qui donc raconte cette histoire ? Pour en connaître tous les détails, il s'est forcément trouvé sur l'île. Forcément, il a participé à cette folle aventure.

Mme McLennan, la directrice ? Il y a des choses qui lui sont demeurées étrangères. Par exemple l'angoisse des stagiaires lorsque le plancher du dortoir s'est mis à pencher.

Sir Alex ? Il a trop souffert des critiques de la presse quand il dirigeait son équipe. On le voit mal confier ses souvenirs à un journaliste...

Alors il faut que celui qui raconte soit l'un des sept.

*

* *

Je m'appelle Thomas.

Et, depuis l'enfance, je suis passionné par les colles.

Et, depuis l'enfance, je suis seul.

Ne croyez pas que j'aime la solitude. Mais rien ne pue plus qu'une fabrique de colle.

La directrice, dans sa grande sagesse, m'avait conseillé d'installer mon atelier sous les vents dominants, à l'extrême sud de l'île. C'est là que je passais mes journées, suivant un emploi du temps immuable. Matin : pêche. Crabes, étrilles, gros vers anécoles, poissons de roche. Après-midi : cuisine. Je jetais mes prises dans une énorme bassine et touillais, touillais des heures. Il y a, dans le corps des créatures de la mer, certaines molécules douées de pouvoirs magiques : elles attachent. À croire que ces molécules ont des petits bras affectueux. Mettez-les sur une chose, approchez une autre chose, vous ne pourrez plus les détacher.

C'est alors qu'il ne fallait pas s'approcher de moi, sous peine de vomir (on vit même Victoria tomber d'un coup, évanouie) tant la puanteur était violente. Et je n'avais le droit de revenir au centre qu'après m'être baigné longuement et soigneusement. Aucune fille ne manquait ce spectacle : un grand garçon qui sort de la mer et court, grelottant, vers le tas de vêtements propres qui l'attendent sur la dune.

Pauvre Thomas !

Les premiers jours, j'ai tenté de lutter. Je me plantais devant l'un ou l'autre de mes camarades, je lui mettais d'autorité mon bras levé sous le nez, ou bien j'ouvrais ma chemise.

– Allez, vas-y, renifle ! Je sens ou pas ? Dis-le !

J'ai passé une demi-heure dans l'eau. À part le propre, tu sens quoi ?

J'avais beau faire : on s'écartait de moi. Partout. Au réfectoire, on me refusait à la table commune. On déménageait même quand je m'asseyais de force. Et au dortoir, par trois fois, au milieu de la nuit, on avait poussé mon lit dans le coin le plus reculé. J'avoue que dans la nuit, souvent, j'ai ragé. Et pleuré.

Cruel destin que celui des passionnés de colle : ils n'ont pour seule ambition que de tisser des liens de plus en plus forts entre les morceaux de monde et, en guise de remerciement, on les condamne à la solitude.

– Vous ne voulez pas de moi ? Parfait. À partir de maintenant, je n'unirai plus rien.

Tout le monde avait beaucoup ri de cette menace.

Depuis le lancement de notre projet, plus personne ne riait.

Comment accrocher, accrocher solidement un fuselage et une voilure, je veux dire une carcasse de baleine et deux vieilles ailes de moulin ?

Moi que tout le monde avait toujours fui, on me buvait des yeux, comme si j'étais devenu le Messie.

– Nous avons confiance en toi, Thomas.

– Savant comme tu es, nous sommes sûrs que tu vas trouver !

– C'est toi qui as la spécialité la plus utile, Thomas. Nous l'avons toujours dit entre nous.

– Cher, si cher Thomas, tu veux ces caramels ? Je les avais gardés pour toi.

– Je ne sais pas vous, les garçons, mais moi Thomas a toujours été mon préféré.

– Dis, Thomas, tu acceptes que je roule mon lit près du tien, au dortoir ?

– Ah, ah, on la voit venir, la fille !

– Vous n'êtes que des porcs ! Je veux seulement me rapprocher des rêves de Thomas.

Etc.

Un roi, adulé par sa cour et bercé par un flot ininterrompu de mots doux : voilà ce que j'étais devenu, moi, l'ancien mal-aimé. Je pouvais remercier la tempête. Et je me mis au travail.

Le jour, la nuit, le temps n'existe plus quand une tâche vous absorbe. On ne voit pas passer les heures. On ne sent pas la fatigue. On grignote n'importe quoi. On habite un autre monde. On ne voit qu'un horizon, celui du but à atteindre. Le défi était géant. J'attendais ce moment depuis toujours. Je devais être à la hauteur.

Un soir, enfin, je relevai la tête. Il me semblait avoir trouvé la solution, un mélange que je baptisai Noé, du nom de cc monsieur qui avait rassemblé dans son arche les animaux les plus divers. Une colle, même puissante, ne peut pas tout faire. Naturellement, il faudrait compléter par des rivets à certains endroits soumis aux plus fortes pressions.

– Bien. Maintenant, je vais commencer les tests.

– On peut t'aider, Thomas ?

– J'ai besoin d'un gros morceau d'os et d'un autre de bois.

– Tout de suite, Thomas !

Étienne et Javier partirent ventre à terre et revinrent l'instant d'après avec les objets demandés que je badigeonnai avec ma mixture.

Les filles ont l'haleine chaude : elles soufflèrent pour faire sécher plus vite.

– Voilà. Maintenant on peut y aller. Répartissez-vous en deux équipes, et tirez, chacune de votre côté, allez, plus fort, beaucoup plus fort. Que se passe-t-il ? Vous êtes devenus anémiques, impuissants ? Tirez, mais tirez donc, qui m'a donné ces athlètes de flanelle, ces costauds d'opérette ?

Je me faisais plaisir, je prenais ma revanche, j'insultais ceux qui m'avaient tant martyrisé.

– Hop !

Aux six essoufflés, j'annonçai la bonne nouvelle :

– Pour moi, problème réglé ! La baleine et les ailes du moulin seront unies pour toujours. On peut passer à autre chose. Comment va le reste de l'avion ?

*

* *

Peut-être avez-vous maintenant compris pourquoi c'est moi qui ai été chargé par les autres de raconter notre histoire ?

Qu'est-ce qu'un inventeur de colle ?
Un fabricant de mariages.
Quelqu'un qui unit ou réunit des choses.

Et qu'est-ce qu'un raconteur ?

Quelqu'un qui unit ou réunit des mots et des phrases.

Pour que personne n'oublie l'histoire de cette île où se trouvèrent embarqués, comme sur un bateau, sept plus deux personnages qui n'avaient, *a priori*, aucune chance de se rencontrer jamais.

XX

Et Mme McLennan, notre directrice ?

Pendant ces jours fiévreux, quel fut son rôle ?

Je ne peux répondre qu'avec deux mots, qui semblent contradictoires : un rôle déterminant, un rôle indémontrable.

Personne ne dira : elle a construit ce morceau-ci de l'avion ou ce morceau-là. Mais, sans elle, sans sa présence, sans son énergie qui, aux moments difficiles (ils furent nombreux), réveillait la nôtre, aurions-nous pu réussir ? Rien n'est moins certain.

Son accablement après la tempête n'avait pas duré. Vite, elle avait repris le dessus, remis ses robes multicolores et recommencé à s'agiter.

Elle avait choisi de nous accompagner. Accompagner au sens strict, accompagner comme accompagnent les musiciens.

Un matin, nous l'avons vue tirer dans la cour un piano. Approcher un tabouret. S'asseoir en écartant ses trois jupes (violette, jaune et rose), poser ses doigts sur les touches et commencer à jouer. Elle ne s'est plus arrêtée. Variant les tonalités et les rythmes en fonction des événements. Apaisant par des berceuses les flux d'angoisse des constructeurs (« nous n'y arriverons pas », « les ailes ne résisteront pas », « la piste sera trop courte »...). Relançant l'enthousiasme par des marches militaires. Se moquant aussi de nous lorsque le besoin s'en faisait sentir, lorsque notre tête enflait, lorsque nous ne doutions plus de rien, lorsque nous nous croyions devenus les rois du ciel. De tels orgueils sont des plus dangereux. Alors, enchaînant les notes courtes et aiguës, telle une mouette, elle ricanait de nous. Des ballades inventées par elle qu'elle entrelaçait de refrains traditionnels (*Aux marches du palais, Men of Harlech, En el balcón de palacio, Wenn ich ein Vöglein wär'*...).

Maintenant que ces jours sur l'île sont loin, si loin et que, bien sûr, je les regrette, maintenant que la belle, si belle aventure est finie, je cherche à comprendre comment, par quel miracle, nous avons réussi. Et je repose ma question : quel fut le rôle exact de notre directrice ?

À force de réfléchir, je crois que j'ai trouvé une réponse. Grâce à sa musique, à ses chansons, elle avait apprivoisé l'air que nous respirions, l'air qui enveloppait l'île. Et sur quoi s'appuie un avion, sinon sur l'air ? Aurait-il pu décoller sans un air devenu notre ami ? Je laisse la conclusion aux spécialistes.

*

*   *

Mme McLennan exerça, magnifiquement, une autre responsabilité.

Personne n'en a parlé jusqu'ici mais c'est mon devoir de tout révéler.

Mme McLennan accueillit, au mieux, nos visiteurs qui allaient devenir nos partenaires.

Je vous devine, cher lecteur, chère lectrice, vous vous exclamez : de quels visiteurs parle-t-il ? Et de quels partenaires ? Nous croyions leur île déserte ! Quelle est cette incohérence ?

Patience, lecteur, lectrice, tout doux !

Chaque histoire a son rythme, chaque chemin ses ramifications qu'il faut respecter sous peine de manquer l'essentiel, des péripéties capitales et des personnages qui paraissent secondaires et qui pourtant sont clés.

Ainsi, pour nous, les oiseaux.

Comment furent-ils alertés par notre chantier ? Une vibration particulière dans l'atmosphère ? L'appel de leurs collègues ailés qui nous surveillaient du haut de leurs vols planés ? La musique de notre directrice ?

Mystère.

Toujours est-il que, sitôt la baleine hissée sur la plage et sitôt nos travaux commencés, ils affluèrent.

Du monde entier.

Outre nos compagnons habituels, les oiseaux marins (mouettes, goélands, macareux et autres fous de Bassan), des cormorans de Chine, longs et minces comme des traits noirs, des grues du Japon, couleur de cendre, cinq faucons du désert arabique, nobles comme des seigneurs. On vit même arriver et demeurer chez nous deux semaines un couple d'albatros, une madame, un monsieur. Savez-vous que ces volatiles gigantesques (trois mètres d'un bout de l'aile au bout de l'autre aile) se restent fidèles leur vie durant et chaque année pour se nourrir parcourent des milliers de kilomètres ?

Ils affluèrent et se passionnèrent pour nos travaux. Certains même, non contents de conseiller, prêtèrent leurs becs ô combien effilés pour certaines opérations délicates de perçage et de vissage.

Notre sagesse fut d'écouter leurs suggestions et d'accepter leur participation : qui mieux qu'un oiseau sait ce qu'est voler ?

Si bien qu'il nous faut leur rendre hommage : merci, les oiseaux ! Votre concours fut précieux. Et n'allait pas s'arrêter à la construction de notre avion, comme la suite de notre histoire va vous le montrer.

XXI

Je ne vous parlc pas des semaines et des semaines de travail commun.

Le voudrais-je que, sans doute, je n'y parviendrais pas.

Le travail s'oublie.

Soudain, la peine, les efforts, les heures de découragement, tout cela s'évanouit, comme avalé par un brouillard inutile.

Car l'avion se tenait là, brun et rouge. Souvenez-vous, sa peau, nous l'avions faite avec les voiles de très anciens bateaux.

Un gros animal posé sur la lande verte.

Un animal géant et endormi, pour l'instant.

Mais dont chaque spectateur devinait qu'il n'allait pas tarder à ouvrir les yeux.

Et nous, tous les sept, et je crois aussi Sir Alex, et encore Mme McLennan, tous n'en croyant pas nos yeux.

C'était ça, l'avion, notre avion ?

Et nous nous regardions, après l'avoir contemplé, éblouis.

Était-ce bien nous (nous, vous êtes sûr ?) qui l'avions construit ?

Et nous revenions vers lui, notre œuvre, lui caressant les flancs, les roues, nous faisant la courte échelle pour effleurer, rien qu'effleurer, du bout des doigts, le bord des ailes, bref, ne pouvant plus nous en détacher.

Vous trouverez peut-être notre enthousiasme

ridicule, mais comprenez-nous : obnubilés, obsédés chacun par *notre partie*, notre morceau à construire, nous n'avions jamais prêté la moindre attention à l'*ensemble*.

L'*ensemble* qui, soudain, nous apparaissait.

Notre avion.

Notre fierté.

Notre liberté, aussi.

Si vous voulez avoir une idée de l'émotion qui régnait ce jour-là, sur l'île, demandez aux oiseaux nos amis, nos partenaires, ceux qui nous avaient tant aidés. Grâce à leurs ailes, ils ont cet avantage sur nous, ils peuvent fureter partout. Pendant des heures, ils ont tourné autour, par-dessus, par-dessous. On ne pouvait plus arrêter leur ronde.

Et puis, tous ensemble, ils se sont posés.

Et alors…

Alors…

Tous ensemble, ils ont hoché la tête.

Pouvez-vous imaginer un tel hochement de grues, de faucons, d'albatros, de macareux, d'aigles, de cormorans… ?

Oui, pouvez-vous imaginer ce grand hochement d'oiseaux venus du monde entier ?

XXII

Seul Étienne, responsable de tous les mouvements et donc du décollage, ne partageait pas cet enthousiasme. Il s'arrachait les cheveux : pour construire une piste, il aurait fallu consolider le sol humide de l'île (on s'y enfonçait par moments jusqu'aux genoux). Et ridé comme il était, ce sol (on aurait dit une tôle ondulée verte), il aurait fallu le raboter. Où trouver les bulldozers et le ciment et, surtout, le temps pour faire tout ça ?

Une mouette fournit la réponse. Sa blancheur. La neige. Le vol de la mouette. Le saut à ski.

Sans perdre de temps, Étienne courut jusqu'à Javier.

– Tu saurais me bâtir un tremplin ?

– Je saurais mais je ne voudrais pas.

– Quelle est cette nouvelle folie ?

– Les tremplins sont de faux escaliers.

– Pardon ?

– Avec un tremplin, on croit qu'on s'élève alors qu'on retombe toujours. Les constructeurs de tremplins sont des escrocs.

– Peut-être. Mais sans tremplin on restera dans l'île toute notre vie, je veux dire toute notre courte vie.

– Je vais réfléchir.

Le collectionneur de nuages, qui passait non loin, avait tout entendu. Il s'approcha.

– Je sais qu'après mon échec plus personne ne me croit.

– Parle toujours.

– La première des pistes, c'est le vent.

– Pardon ?

– Pour décoller, un avion monte sur le vent.

– Tu as bien dit : il « monte » sur lui ?

– Exact, il s'appuie sur la force du vent, le vent contraire, bien sûr.

– Bien sûr ! Dis-moi, as-tu toujours des maux de tête ? Il faudra consulter un médecin au retour.

– Plus le vent est fort, plus l'avion décolle vite. Et nous avons de la chance.

– Enfin une bonne nouvelle !

– Ta piste est orientée face au vent dominant. J'ai consulté les statistiques : 60 % de chances, en cette saison, qu'il nous souffle moyennement fort ou fort dans le nez.

*

* *

La veille du grand matin, de longues lignes blanches striaient le haut du ciel. Hans les saluait, tout joyeux, comme si c'étaient des amies.

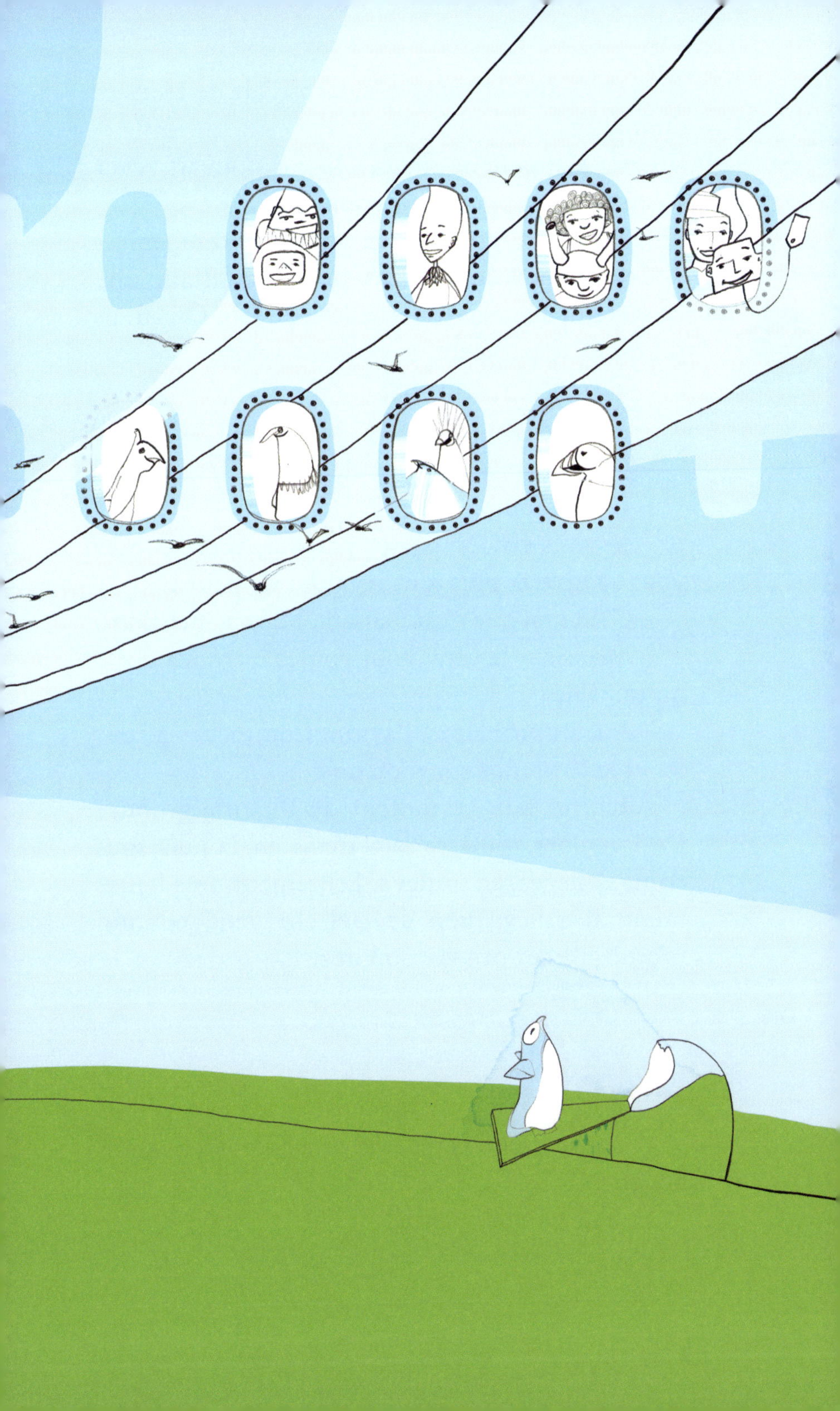

– Dis-moi, ces nuages-là, tu as l'air de bien les connaître ?

– Ils s'appellent *cirrus*. On ne pouvait rêver mieux. Ils annoncent un grand vent.

– Tu es sûr, cette fois, de ne pas te tromper ?

Le lendemain, le vent prévu soufflait, une quasi-tempête mais fraternelle cette fois. On aurait dit qu'ils se parlaient, le vent et l'avion.

– Bonjour, le vent !

– Bonjour, l'avion !

– Je peux vous faire une demande ?

– Dis toujours.

– Je vous envie : passer partout, aller où bon vous semble et puis tout regarder de haut...

– C'est vrai que c'est plaisant. Mais ta question ?

– Monsieur le vent, vous voulez bien m'aider à quitter l'île ?

– Aucun problème, l'avion. Commence à rouler et je te prends sur mon dos.

Ainsi fut fait. Le moteur de Victoria gronda. L'avion vibra, roula, cahota, tressauta. Et puis, soudain, s'allégea, se souleva. Lentement, très lentement, il s'éleva vers le ciel. Le vent, comme promis, l'avait pris sur son dos.

*

* *

Pour remercier Hans, Victoria l'embrassa sur la bouche.

La baleine était pleine.

Les sept, bien sûr, au grand complet et tout sourire aux lèvres, avec Étienne aux commandes. Son visage était trop petit pour la joie qu'il éprouvait : elle débordait autour de lui, elle l'entourait comme un halo. Un amoureux des déménagements, que peut-il rêver de mieux que piloter un paquebot du ciel ?

Sir Alex aussi était du voyage. Depuis la tempête, il avait chaque jour rajeuni. Sa joie d'avoir retrouvé une équipe à entraîner faisait plaisir à voir. D'autant qu'en bon Anglais pudique il tentait de la cacher, cette joie. Mais peine perdue. Elle pointait partout sur son visage, dans le brillant de ses yeux, dans les frémissements de ses lèvres qui ressemblaient beaucoup à un sourire.

Il avait emporté un petit carnet. On dut se battre pour en connaître le contenu. Il ne le livra qu'à regret. Des paroles de chansons. Souvent très malpolies. Ces chansons que chantent les sportifs en déplacement…

Mme McLennan, elle, avait refusé d'embarquer. Tous nos efforts, nos supplications, nos avertissements n'avaient eu aucun effet.

– Un commandant ne quitte jamais son navire.

– Même quand il coule ?

– Il ne coule pas, Thomas. Tu as pu toi-même le constater : les fissures de l'île se sont presque comblées. À croire que votre projet commun a consolidé le sol.

– Mais les tempêtes ?

– Au bord de la mer, le vent souffle. C'est la nature. Et la nature est mon amie.

– Vous attendez de nouveaux stagiaires ?

– Comment savoir ? En tout cas, vous, je vous ai aimés.

Un à un, les larmes aux yeux, nous l'avons embrassée. Nous lui avions fait jurer de ne plus narguer le ciel, de renoncer à ses robes trop agressives. Elle avait juré, pour nous faire plaisir. Mais n'a pas tenu parole. C'était plus fort qu'elle. On ne change pas les rayures du zèbre. Notre dernière vision de Mme McLennan est une boule de couleurs : jaune canari, vert pomme, marron fluo. Elle est assise devant un piano. Elle agite une main. La gauche, car la droite se promène à toute vitesse sur le clavier. On peut imaginer que la musique est joyeuse et enlevée.

XXIII

Une fois passée l'excitation du départ, une fois saluées une dernière fois l'île, de plus en plus petite, et ce point minuscule, la pianiste-chanteuse-directrice, il faut avouer que tout le monde s'endormit. Le travail des semaines précédentes avait été rude. Il fallait reprendre des forces !

*

* *

Mais d'où pouvaient bien venir ces gloussements, pépiements, caquètements et autres bruissements d'ailes ? Cette volière appartenait-elle aux rêves ? Comme tous les passionnés, les sept rêvaient beaucoup.

Un à un, ils se réveillèrent. Et se rappelèrent que les oiseaux, à l'exception d'un pingouin trop amoureux de ses baignades (mais un pingouin est-il un oiseau ?), avaient tous tenu à embarquer. On les avait installés sur le pont inférieur de l'avion. À la grande satisfaction de Javier. Il n'avait pu s'empêcher d'en faire la remarque à Hillary :

– Alors ? Tu vois bien qu'il nous fallait deux étages !

D'ordinaire, les oiseaux n'entretiennent avec les avions que des rapports lointains. Ils s'en méfient. Mais cet avion-là était devenu leur ami. Pour rien au monde ils n'auraient voulu manquer le voyage. C'étaient pour eux des vacances. Pour une fois qu'ils pouvaient voler sans avoir à battre des ailes !

Pouvez-vous imaginer derrière chaque hublot une tête d'oiseau ? Au lieu des figures humaines habituelles, une tête de grue cendrée, une tête de cormoran, une tête d'albatros…

XXIV

Une fête.

Une fête avait été préparée.

Une fête solennelle avec maîtres d'hôtel, tables blanches, seaux à champagne, alignements de verres, kilomètres de petits-fours, invités sur leur trente et un, hommes cravatés et femmes chapeautées. Et une estrade avec deux micros pour les discours.

Sur la pelouse avait été plantée une banderole gigantesque, « Gloire à nos vainqueurs ! ».

Dans l'avion, on se mit à crier.

– Là, c'est maman !

– Les deux à droite, avec les mouchoirs, ce sont mes parents !

– Vous avez vu le nombre de photographes ?

– Et là, toutes ces caméras !

– Mais alors…

– Ça veut dire…

– Que nous avons remporté le grand prix !

Tous les sept, d'un même élan, nous nous

dressâmes et tombâmes dans les bras les uns des autres. Au risque de renverser l'avion.

– Alors Étienne, qu'est-ce que tu attends pour atterrir ?

– Réfléchissez bien.

– Que veux-tu dire ?

– Votre camarade a raison, dit Sir Alex. Réfléchissez. C'est un moment très important de votre vie.

Notre baleine volante continuait de tourner, encore et encore. En bas, on commençait à s'impatienter. On voyait la haute silhouette du président. Il s'était campé au milieu de la piste et nous montrait le tarmac, avec des gestes de plus en plus énervés.

Étienne continuait de parler avec nous. Sans se retourner, bien sûr, puisqu'il continuait à piloter.

– Atterrir, c'est terminer le projet.

– Il a raison, dit Morwenna. À peine arrivés, nous allons retrouver notre vie.

– L'école, la routine.

– Nous serons séparés.

– On pourra s'écrire, quand même !

– Tu sais bien que ce n'est pas pareil !

– Peu à peu, on s'oublie, on se perd.

– Moi, je veux continuer avec vous tous ! Même si Victoria a mauvais caractère. Même si Étienne ronfle la nuit.

– Moi aussi ! Même si Javier pourrait se laver plus. Même si Hillary grince trop des dents.

– Il faut penser à quelque chose d'autre.

– J'ai déjà une autre idée de moteur.

– Victoria, s'il te plaît, ne parle pas de malheur !

– Je vous promets d'améliorer mon caractère.

– Dans ce cas…

– Et puis il ne faut pas se laisser faire.

– Tout à fait d'accord. On va leur montrer que personne, pas même un président, ne peut emprisonner quelqu'un dans un seul rêve.

– Que proposez-vous ?

Il faut l'avouer, nous ne consultâmes pas nos amis et partenaires, les oiseaux. Mais ils paraissaient ravis de continuer le voyage. Quant à Sir Alex, de plus en plus jeune et bavard, il racontait à qui voulait l'entendre sa plus belle saison, dans les années 1980, lorsque son équipe, après avoir remporté la coupe d'Europe, décida de s'envoler pour l'Amérique latine défier le Brésil.

Et c'est ainsi que notre avion tourna une dernière fois au-dessus des invités. Et, accompagné par leurs mille regards éberlués, il piqua vers le sud avant d'être avalé par l'horizon.

À quel endroit de la planète finit-il par atterrir ?

Vous ne le saurez pas.

Pas tout de suite.

Car c'est une autre histoire…

1
2
3
4
5
6
7
8
9

Du même auteur

Loyola's Blues,
roman, Éditions du Seuil, 1974 ; coll. « Points ».

La vie comme à Lausanne,
roman, Éditions du Seuil, 1977 ;
coll. « Points », prix Roger-Nimier.

Une comédie française,
roman, Éditions du Seuil, 1980 ; coll. « Points ».

Villes d'eau,
en collaboration avec Jean-Marc Terrasse, Ramsay, 1981.

L'Exposition coloniale,
roman, Éditions du Seuil, 1988 ;
coll. « Points », prix Goncourt.

Besoin d'Afrique,
en collaboration avec Éric Fottorino et Christophe Guillemin,
Fayard, 1992 ; LGF.

Grand amour,
roman, Éditions du Seuil, 1993 ; coll. « Points ».

Rochefort et la Corderie royale,
photographies d'Eddie Kuligowski, Paris, CNMHS, 1995.

Mésaventures du Paradis,
mélodie cubaine, photographies de Bernard Matussière,
Éditions du Seuil, 1996.

Histoire du monde en neuf guitares,
accompagné par Thierry Arnoult, roman, Fayard, 1996.

Deux étés,
roman, Fayard, 1997 ; LGF.

Longtemps,
roman, Fayard, 1998 ; LGF.

Portrait d'un homme heureux, André Le Nôtre,
Fayard, 2000.

La grammaire est une chanson douce,
Stock, 2001.

Madame Bâ,
roman, Fayard/Stock, 2003.

Les Chevaliers du subjonctif,
Stock, 2004.

Portrait du gulf stream,
Éditions du Seuil, 2005.

Ouvrage mis en page par Dominique Guillaumin, Paris
Photogravure réalisée par Point 4, Paris

Achevé d'imprimer en juillet 2005
par Mame, Tours
pour le compte des Éditions Stock
31, rue de Fleurus – 75006 Paris

Imprimé en France

Dépôt légal : juillet 2005
N° d'éditeur : 62228 – N° d'imprimeur : 05072097
ISBN : 2-234-05759-0
54-02-5759-04/3